Georges Lan

LE MODELAGE
Ludique et créatif

ULISSEEDITIONS

15, rue Mansart
75009 Paris

Directrice éditoriale : Josiane Boulanger
Photos : Gérard Boulanger
Maquette : ULISSÉDITIONS
Photocomposition : ULISSÉDITIONS
Réalisation : ULISSÉDITIONS

Dépôt légal : 1er semestre 2006

Imprimé en Malaisie

ISBN : 2-844-15-108-6

Table des matières

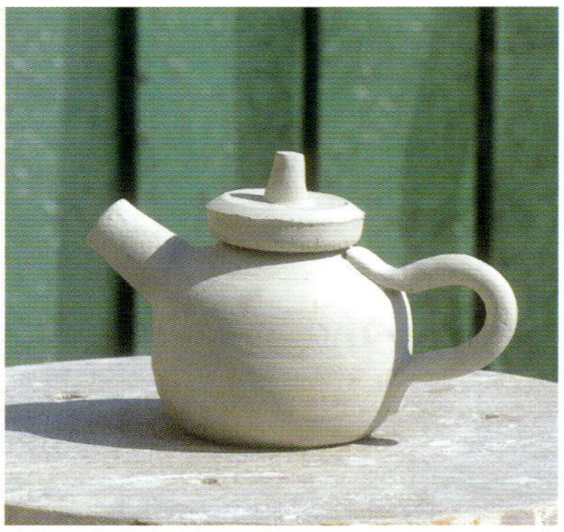
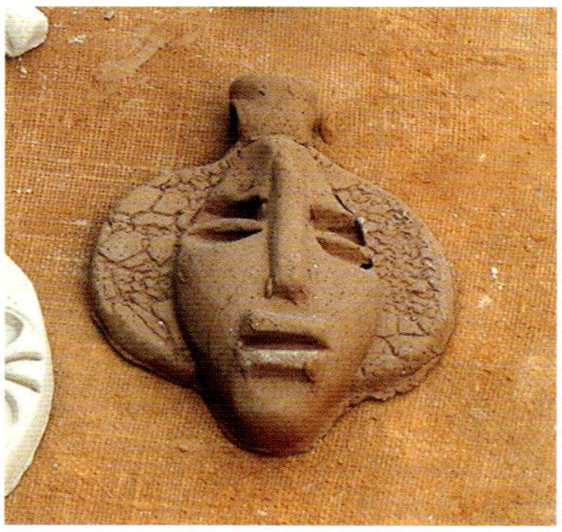
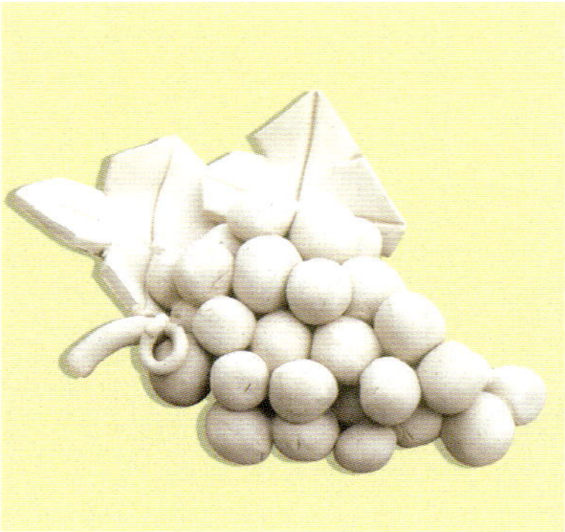
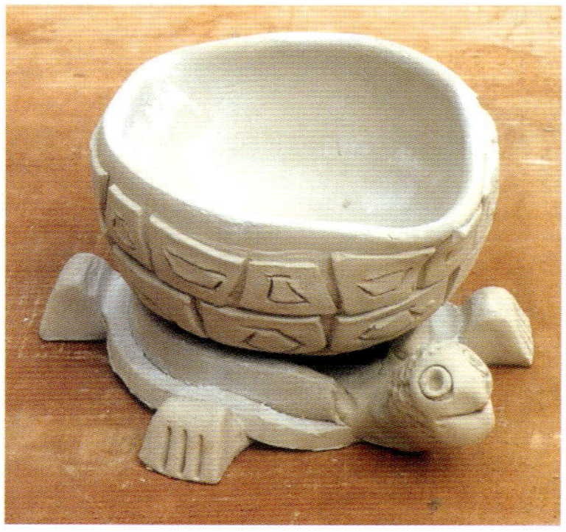
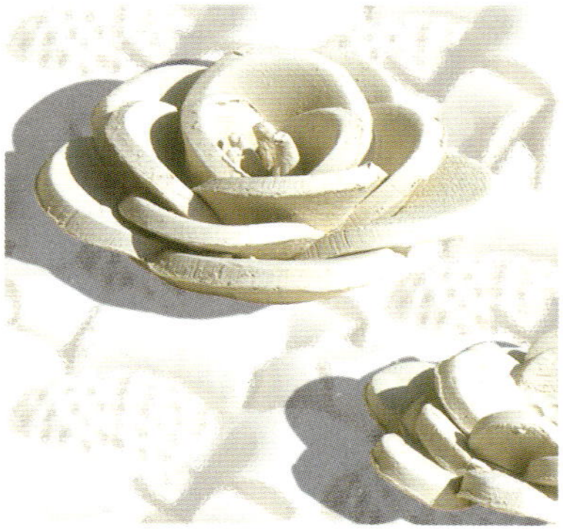
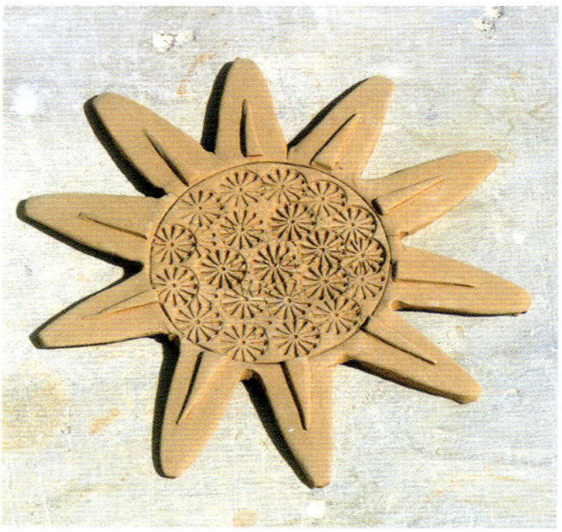
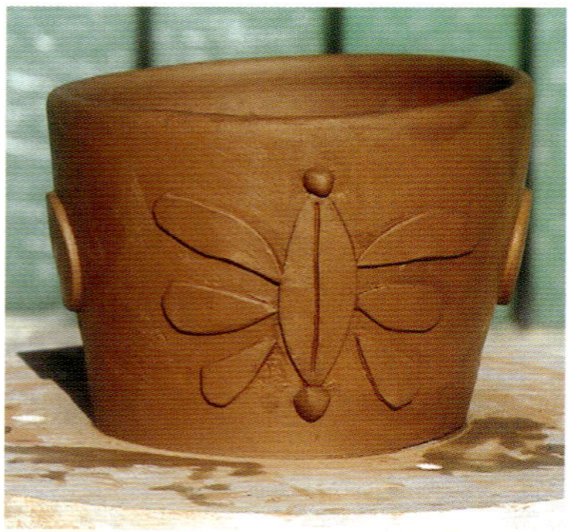
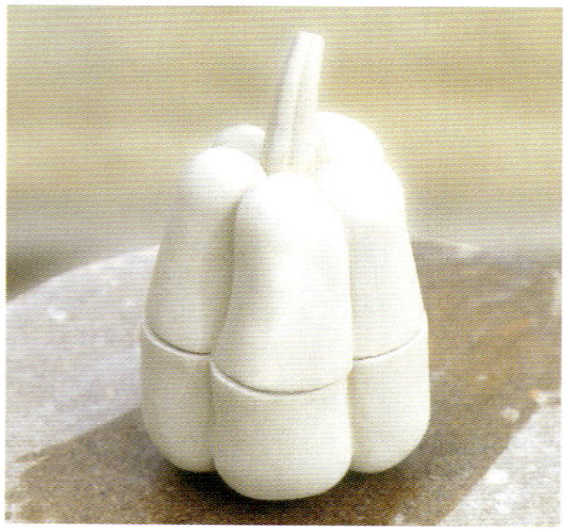
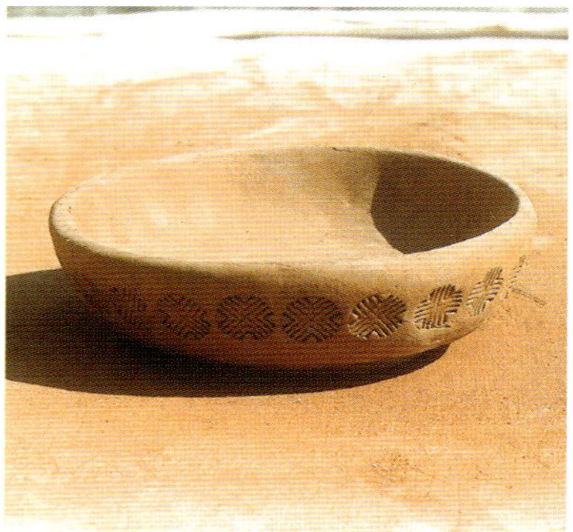
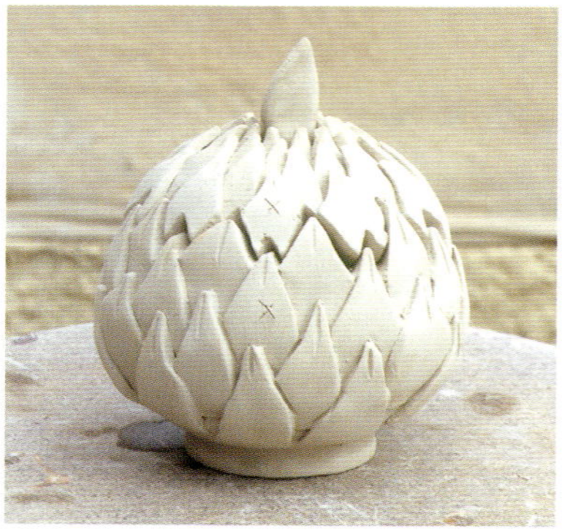
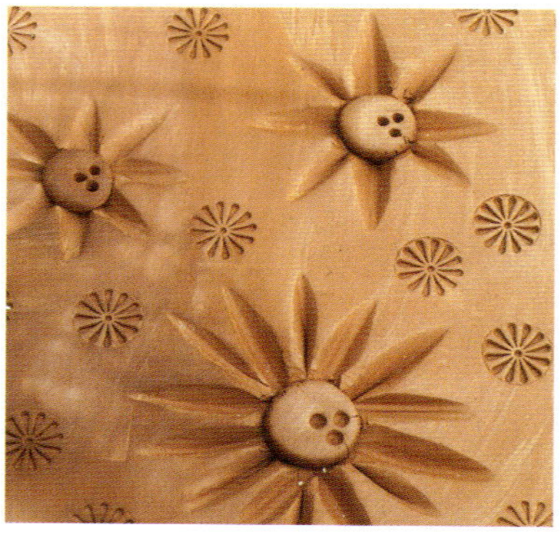
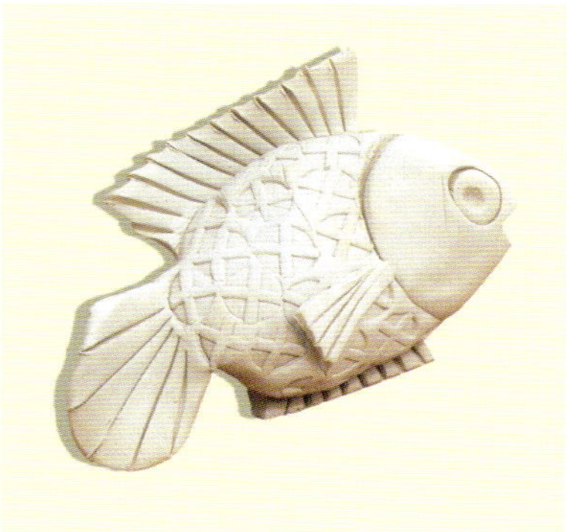

Introduction

Cet ouvrage concerne les personnes, adultes et enfants, désirant s'initier au modelage des argiles.
Les textes seront suivis d'illustrations photographiques et de schémas explicatifs.
Nous donnerons une liste d'outils servant au modelage ainsi qu'une explication sur leur mise en pratique.
En résumé, nous essaierons de vous renseigner avec clarté sur ce que nous pouvons réaliser avec une boule d'argile.

Sachez que les terres à faïence lisses sont celles qui offrent le maximum d'intérêts pour débuter la poterie. Ces argiles très plastiques permettent, grâce à leur malléabilité, de réaliser des œuvres de toutes dimensions. Suivant la grandeur d'une pièce on utilise de préférence une argile « chamottée ».
Ceci a pour effet d'augmenter leur résistance aux chocs thermiques et mécaniques.

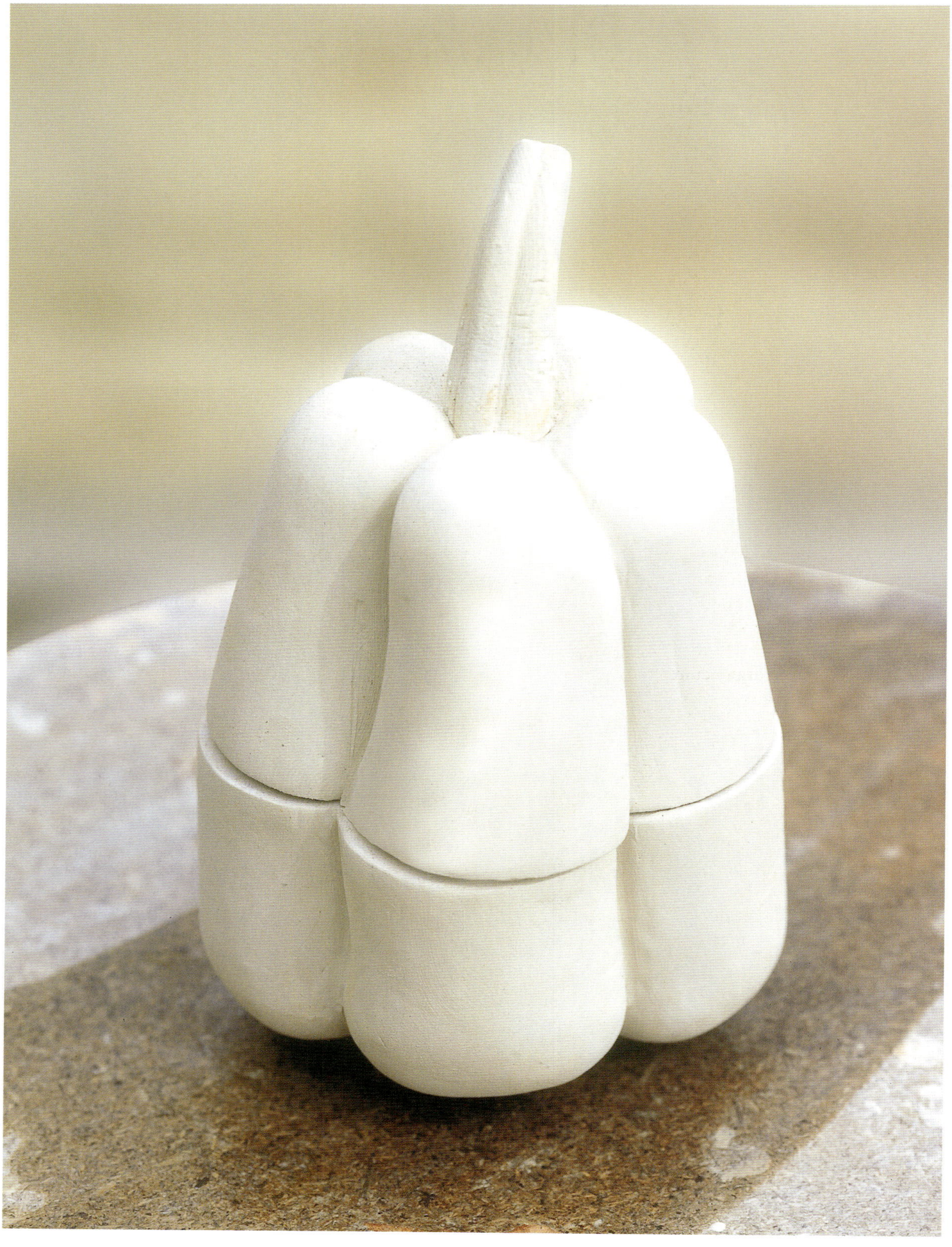

1 Avant propos

Pour une meilleure compréhension des techniques du modelage, je vous invite à prendre connaissance de la liste concernant la terminologie du travail des argiles.

Barbotine : mélange pâteux d'argile et d'eau servant au collage d'éléments ou argile liquide permettant de reproduire des pièces par coulage dans des moules en plâtre.

Boudins ou colombins : cylindres d'argile que l'on confectionne en roulant une part de terre sur un plan de travail.

Chamotte : poudre d'argile cuite puis broyée, ajoutée aux argiles lisses pour les dégraisser, ce qui renforce ses propriétés mécaniques et thermiques, évitant en cours de cuissons fentes et déformations.
La granulométrie des chamottes varie entre 0.2 et 5 mm de grosseur.
(On utilise souvent le terme de terre « chamottée », terme impropre ignoré du Petit Larousse, mais connu des céramistes).

Collage : action de réunir à l'aide d'une barbotine les différents éléments d'un objet façonné en argile.

Désaérer : supprimer les bulles d'air contenues dans une argile par un moyen manuel ou mécanique.

Estamper : façonner par pression un pâton ou une plaque d'argile dans un moule pour obtenir la reproduction d'un modèle.

Façonner ou modeler : travailler un matériau pour lui donner une forme (ici il s'agit des argiles).

Galette ou croûte : elles se fabriquent en aplatissant un pâton d'argile à l'aide d'un rouleau et de réglettes en bois. Elles peuvent également être exécutées à l'aide d'un archer. (il existe dans le commerce des croûteuses mécaniques).

Griffer ou chiqueter : strier, à l'aide d'une aiguille, les parties d'une pièce à coller.

Lissage : action de lisser les faces d'une pièce afin de supprimer toutes traces d'imperfections ou de collages.

Luter : c'est l'action de boucher un trou ou une fissure avec du lut (mortier). En céramique cette opération consiste à réunir, après collage à la barbotine, deux parties ou deux éléments d'une pièce à l'aide d'un boudin d'argile.

Malaxage : utile pour supprimer à la fois les bulles d'air qu'une argile pourrait contenir et le sens hélicoïdal laissé par le passage de la boudineuse lors de sa mise en œuvre par le fabricant.

Moules : ouvrages en plâtre permettant la production d'objets en céramique par coulage, par estampage ou par pressage. Ils peuvent être monoblocs ou constitués de plusieurs pièces. Par extension, tout objet solide permettant de reproduire une forme.

Pain d'argile : quantité d'argile souple commercialisée, généralement livrée par 10/20 kg, mise sous film plastique pour la conserver humide.

Pâton ou boule d'argile : portion d'argile évaluée par le potier pour confectionner une pièce.
Pied ou socle. Surface d'appui qui rehausse une pièce.

Sgraffites : incisions faites avec un outil dit « sgraphito » pour décorer de motifs en creux les surfaces d'une pièce.

A vert/e : se dit également « à consistance du cuir ». Pièces ou éléments réalisés en argile ayant perdu une partie de leur humidité mais suffisamment fermes pour être manipulés sans déformation.

Cette liste n'est qu'un bref résumé des termes les plus usuels employés pour le façonnage des argiles.

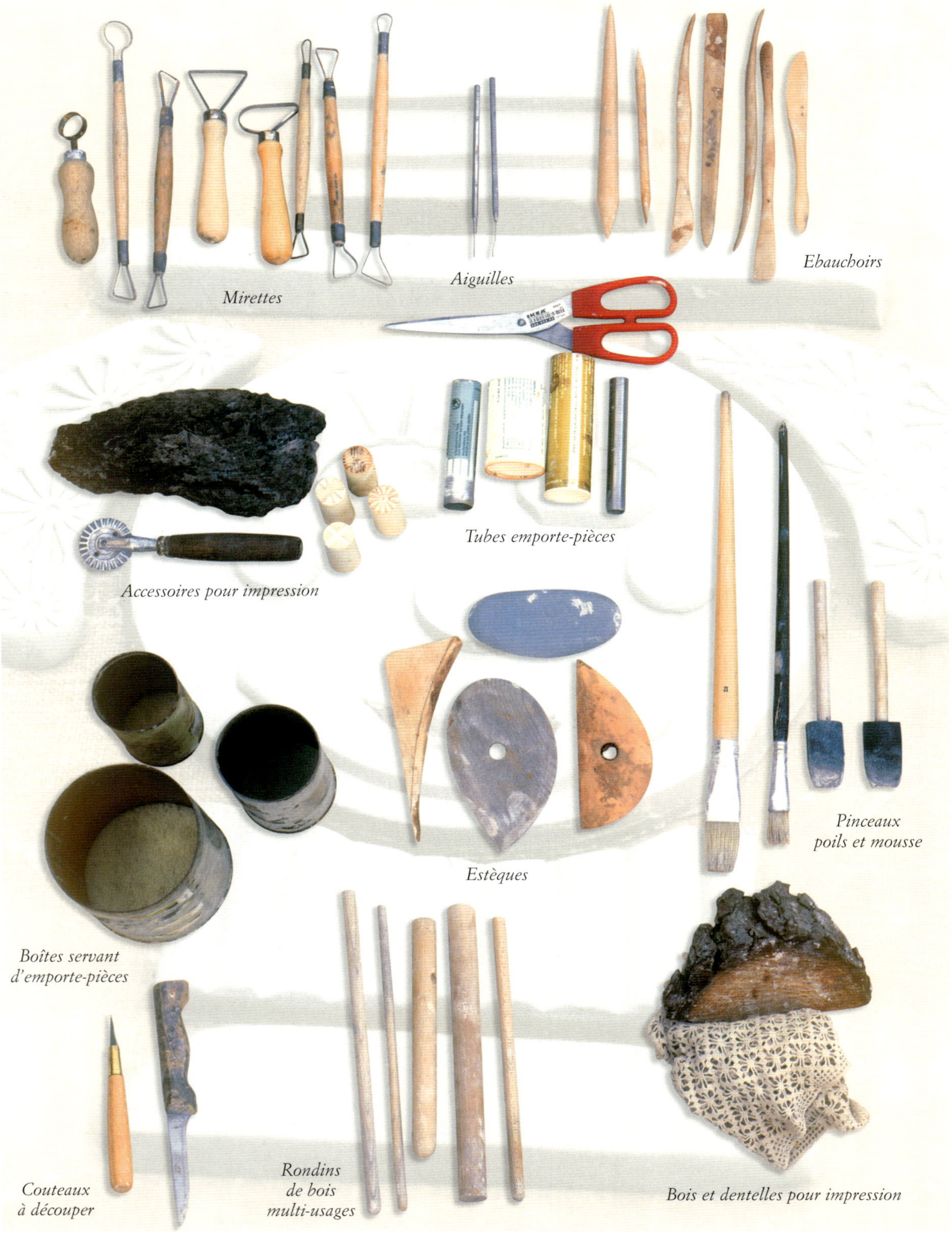
Mirettes
Aiguilles
Ebauchoirs
Accessoires pour impression
Tubes emporte-pièces
Estèques
Pinceaux
poils et mousse
Boîtes servant
d'emporte-pièces
Couteaux
à découper
Rondins
de bois
multi-usages
Bois et dentelles pour impression

2 *Le matériel*

Le matériel pour le travail du modelage

Avant le choix d'une pâte il faut s'équiper d'un minimum de matériel.

Ce que l'on appelle les indispensables :

- **Une table de travail** stable et solide permettant le battage et le malaxage de l'argile.
- **Une planche en bois** *(latté ou contreplaqué, de dimensions à définir suivant la taille de vos pièces)* que vous pouvez recouvrir d'un tissu en coton pour faciliter le travail à la plaque ou aux colombins.
- **Un rouleau en bois et des réglettes** pour aplanir l'argile.
- **Un kit de potier comprenant :** un fil à découper, des ébauchoirs et des mirettes de tailles et de formes différentes, un kit de « sgraphito », des estèques en bois ou en métal (*souples ou dures*) des éponges pour finition, une aiguille, un poinçon, des emporte-pièces simples ou fantaisies, une batte (*ou spatule*) Tous ces outils vous serviront pour les différentes phases du modelage.
- **Un archer :** pièce métallique en forme de U renversé comprenant des encoches. Entre ces deux branches, un fil d'acier est tendu permettant de découper des croûtes d'argile (*facultatif*).
- **Des bacs ou bassines** en matière plastique, des pinceaux plats pour passer la barbotine. Des couteaux à découper et à ébarber. Un mètre ruban. Des morceaux de tissu et des films en matière plastique pour conserver l'argile à l'état humide.
- **Un compas :** les plus pratiques sont ceux qui prennent les mesures intérieures et extérieures.
- **Des roulettes** à empreinte ou à estamper. A se fabriquer (*voir explication page 46, facultatif*).
- **Une tournette,** pratique pour le travail de pièces cylindriques. Elle se compose d'une girelle et d'un pied monté sur roulement à billes.
- **Des planchettes** de contreplaqué ou de latté de toutes tailles. Ils serviront au transport des pièces ou pour stocker des éléments de pièces en vue de leur assemblage.
- **Un brumisateur** pour humidifier votre argile en cours de travaux.
- **Un four** électrique d'un volume adapté à vos créations est conseillé.
- **Des feuilles** blanches et des crayons pour dessiner vos modèles.
- **Du carton** fort pour découper des patrons.

La quantité d'outils à acquérir est fonction de vos besoins suivant les travaux que vous voulez exécuter. Ne vous encombrez pas d'un surplus d'outillage, allez au plus simple lorsque vous débutez le façonnage des argiles. N'oubliez pas, si vous désirez travailler deux argiles de couleurs différentes : rouge et blanche, de vous munir de deux planches de travail recouvertes d'un tissu et de bien nettoyer tout votre outillage avant de passer de l'une à l'autre. L'idéal serait de disposer de deux jeux d'outillage complet.

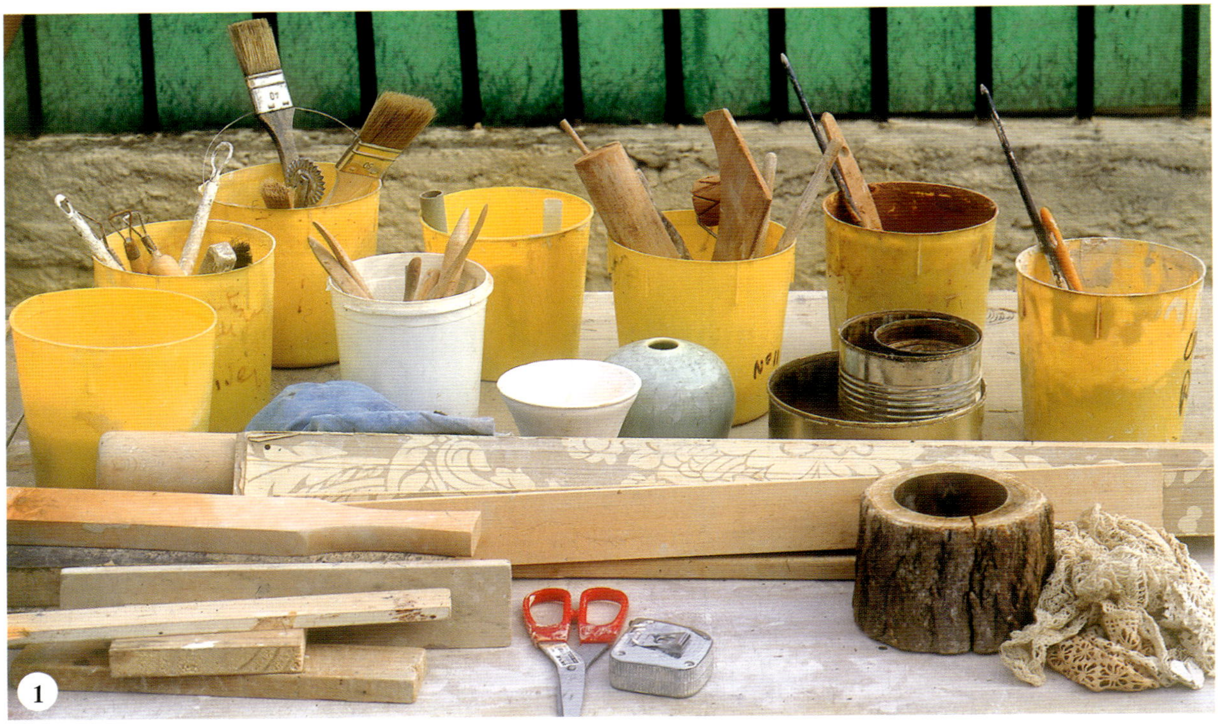

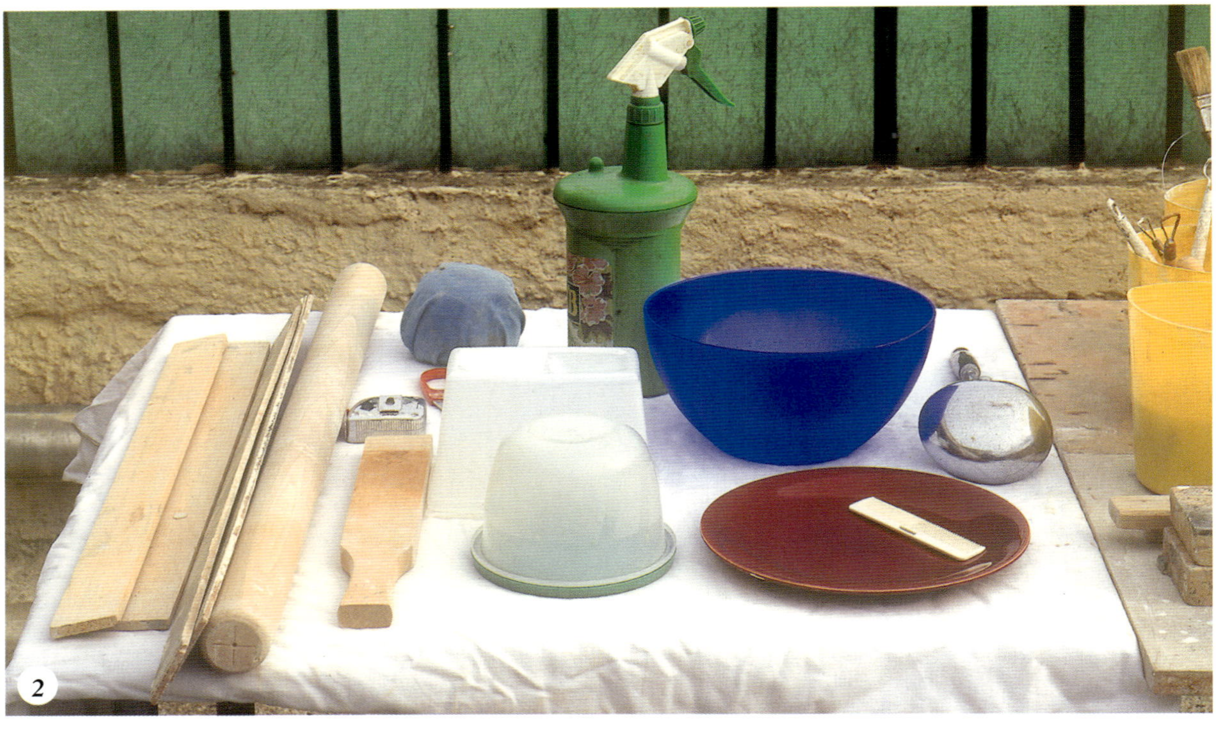

Ces deux photos montrent des accessoires servant au modelage des argiles
1. Des récipients pour ranger ses outils ou pour préparer la barbotine.
2. Une planche recouverte d'un tissu pour le façonnage des argiles, des réglettes en bois de différentes longueurs, un rouleau pour aplanir l'argile, une batte, un pulvérisateur et divers ustensiles de cuisine servant de moules.

Légendes explicatives des schémas

Certaines techniques du modelage sont accompagnées de schémas, une légende explique comment ces derniers sont réalisés. Elle présente les différentes positions des figures.

Lorsque je « légende » un schéma j'utilise le terme de VUE :
- **vue en coupe** : *l'objet est coupé en deux on ne voit que sa tranche,*
- **vue en transparence** *: toutes les arêtes de l'objet sont visibles,*
- **vue de face ou vue arrière** : *l'objet se présente sous sa face avant ou arrière,*
- **vue en profondeur ou trois dimensions** *: on peut voir sur le dessin plusieurs faces de l'objet,*
- **vue de dessus, vue de dessous, vue de profil,**
- **vue en plan** *: l'objet est déployé et l'on peut voir toutes ses faces sur un même plan,*
- **vue en volume** *: la pièce est représentée avec une ombre et des dégradés de couleurs comme une photo.*

Les couleurs des schémas symbolisent les couleurs de l'argile.

Note

Pour les illustrations photographiques les pièces sont réalisées à l'aide d'une argile rouge et d'une argile blanche.
Suivant la grandeur ou l'épaisseur des objets que vous voulez modeler choisissez une argile « chamottée » de granulométrie 0,2 mm.

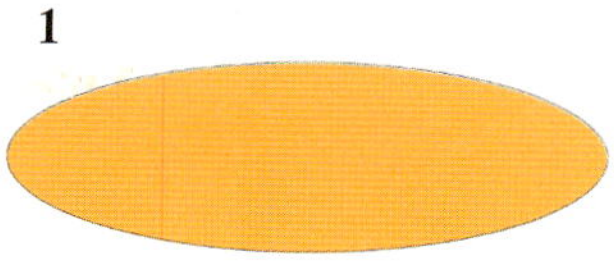

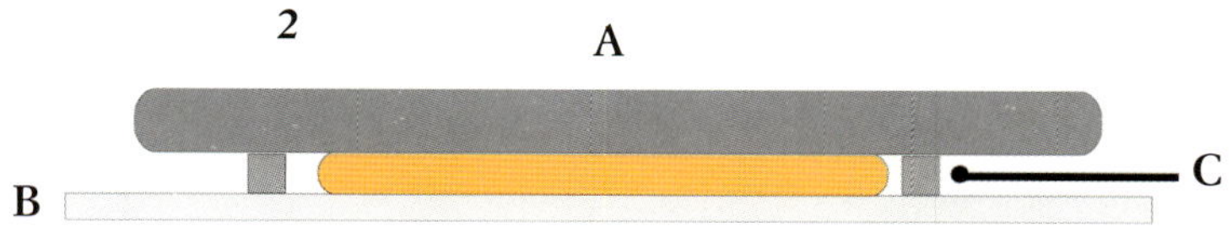

Les figures 1 et 2 sont représentées vue en coupe.

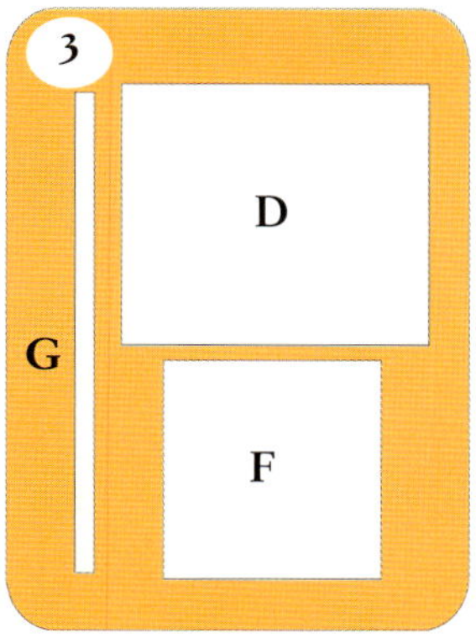

La figure 3 est représentée vue de face.

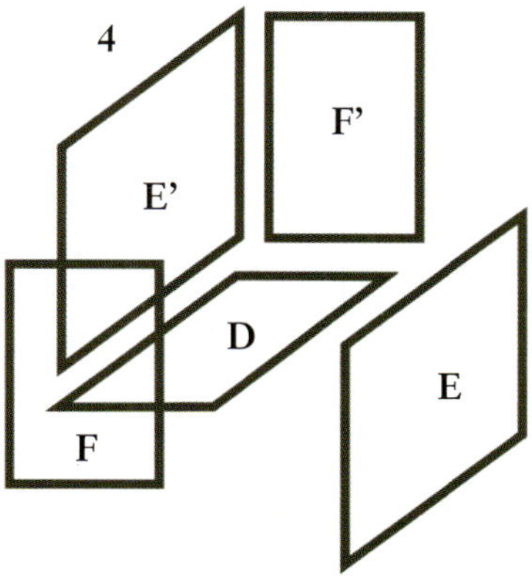

La figure 4 est représentée vue en plan.

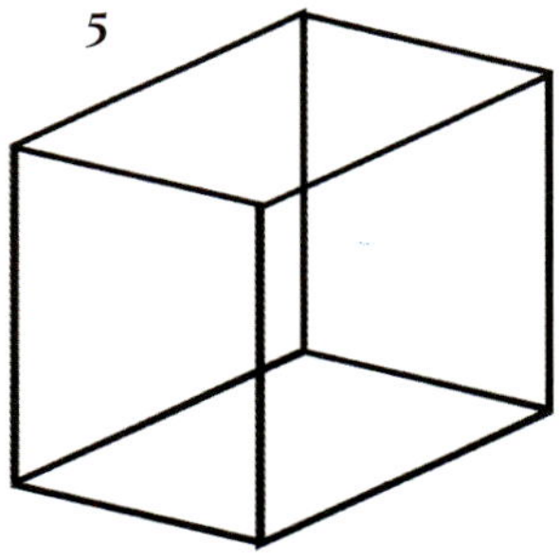

La figure 5 est représentée vue en transparence.

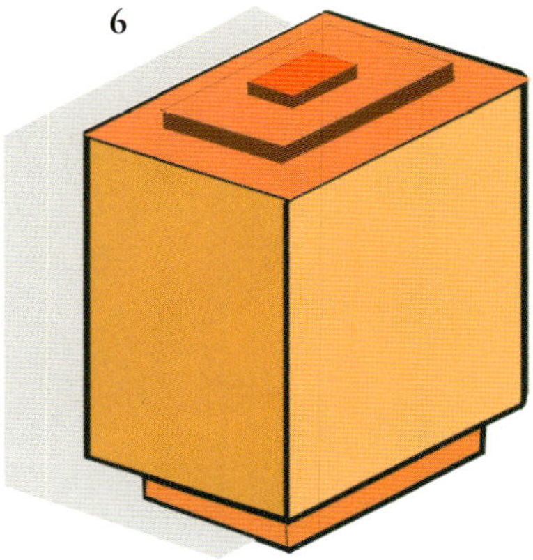

La figure 6 est représentée vue en volume.

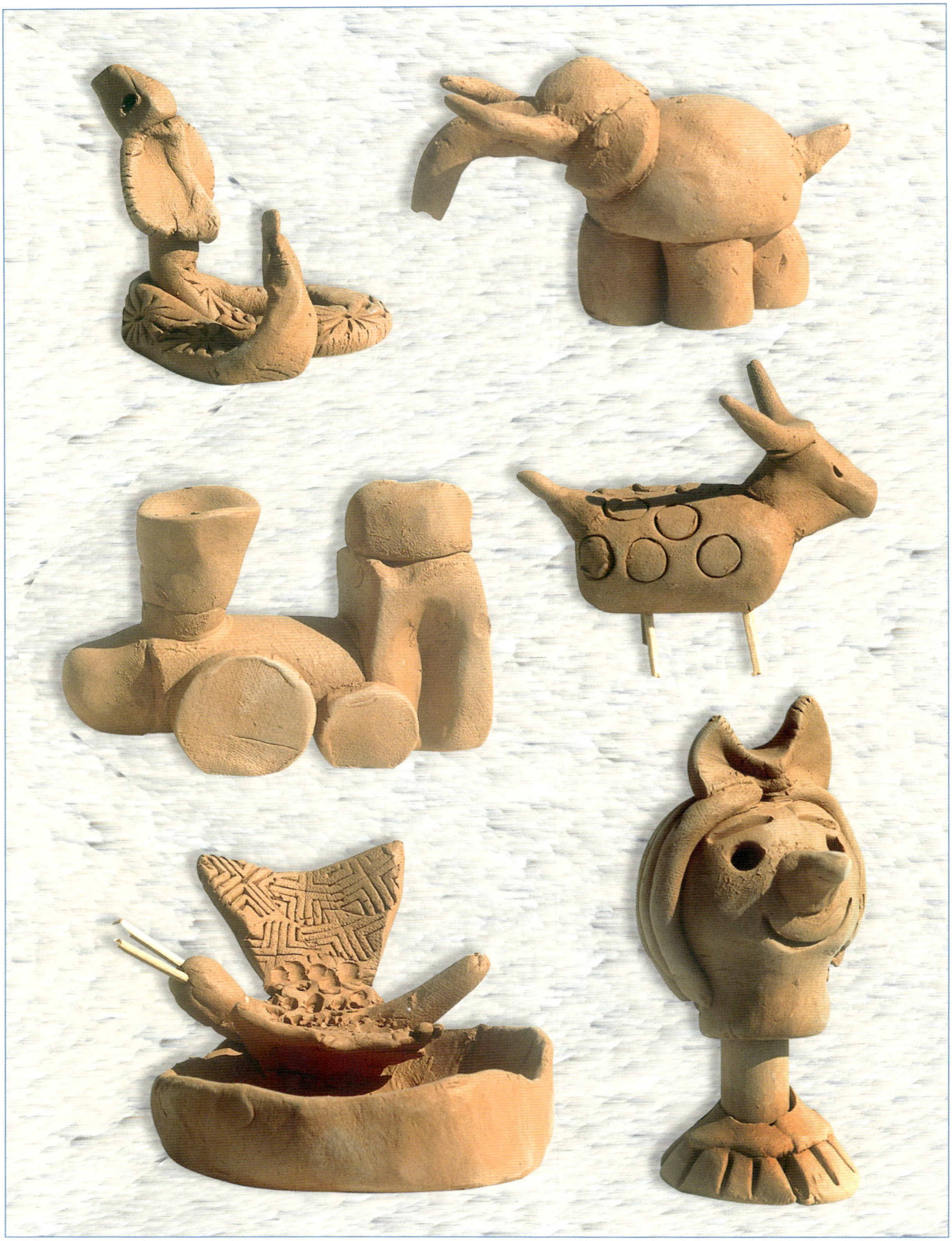

3 *Les techniques*
du modelage des argiles

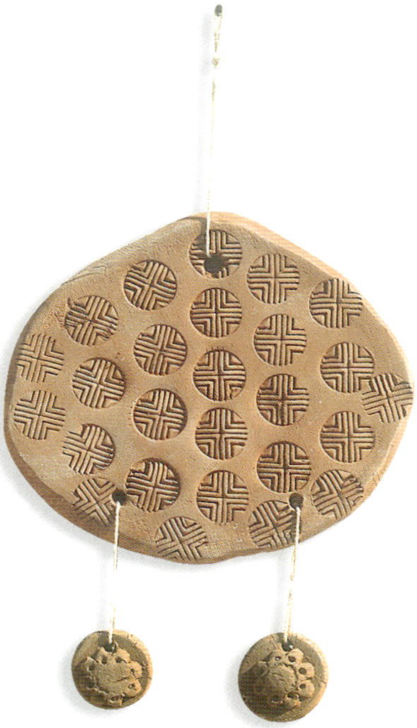

Modelage enfantin

Avant d'aborder les techniques du modelage voici quelques sujets récréatifs destinés aux enfants. Ils sont faciles à réaliser et peuvent servir d'exemples pour démarrer le modelage.

Donnez à vos enfants de l'argile, quelques outils, et leur esprit créatif fera le reste.
Voici un serpent à sonnette, un éléphant, une locomotive, une vache (les pattes seront faites avec quatre allumettes), une coupelle papillon et la tête d'une poupée.

Tout cela se fait avec des boules d'argile ou des petits colombins que l'on roule entre ses mains ou sur une planche. Avec un tube, un stylo à bille, un bout de dentelle ou un emporte-pièces on imprime des motifs pour décorer les sujets.

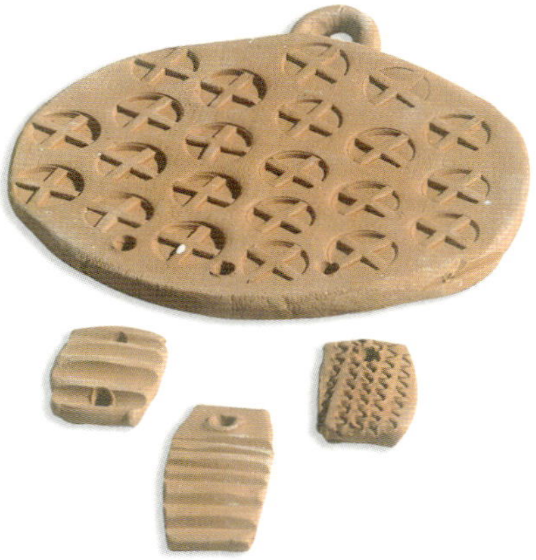

En aplatissant une boule d'argile et en l'imprimant à l'aide d'emporte-pièces fantaisies elle se transforme en médaillon à suspendre. On ajoute une petite anse, on fait des trous qui serviront à accrocher d'autres éléments décoratifs, des petits rectangles que l'on strie, des ronds imitant une fleur, des bâtonnets, etc.
En s'amusant les enfants se familiariseront avec l'argile et pourront par la suite se lancer dans des réalisations plus délicates qui demandent un minimum d'habileté.

Pour coller des éléments d'argile il faut se servir de barbotine. Vous trouverez des explications en page 7 et dans les illustrations suivantes, des exemples de collage à la barbotine. Ainsi vous serez en mesure de leur décrire ce procédé.

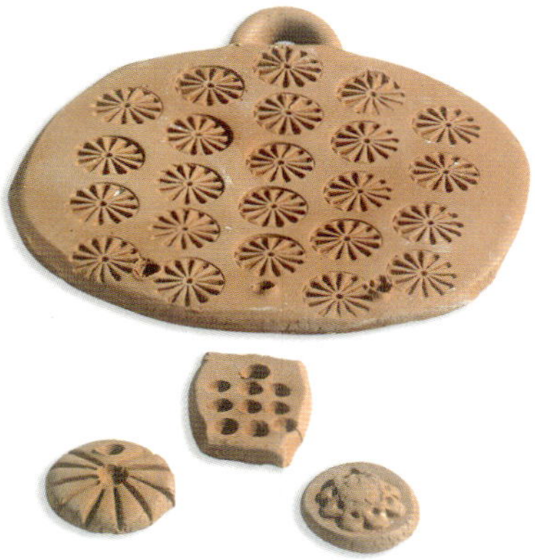

Les étapes clés

Le modelage est le précurseur du travail de l'argile.
Ses origines remontent à l'époque du néolithique.
Il existe :

- Le travail à la boule et à la galette.
- Le travail aux colombins.
- Le travail à la plaque ou à la bande.
- Le modelage dans la masse par évidement.

Les étapes clefs, quelle que soit la méthode de travail choisie, consistent :

- À dessiner d'après nature, à imaginer ou à copier sur une illustration le sujet que vous désirez réaliser.
- À déterminer toutes les dimensions que vous allez donner à celui-ci : hauteur, largeur ou longueur, diamètre, épaisseur des parois, dimensions du socle, du couvercle, des anses et des motifs décoratifs s'il y a lieu.
- À définir la quantité d'argile nécessaire à son exécution (*le pâton*).
- À malaxer celui-ci pour l'homogénéiser.
- À préparer de la barbotine de collage.

Conseil

Prévoyez suffisamment de barbotine. En prenant soin, après utilisation, de rajouter un peu d'argile, un peu d'eau et de couvrir le pot d'un film en matière plastique, votre préparation vous servira au fil des jours pour tous vos façonnages.

Préparation de la barbotine de collage

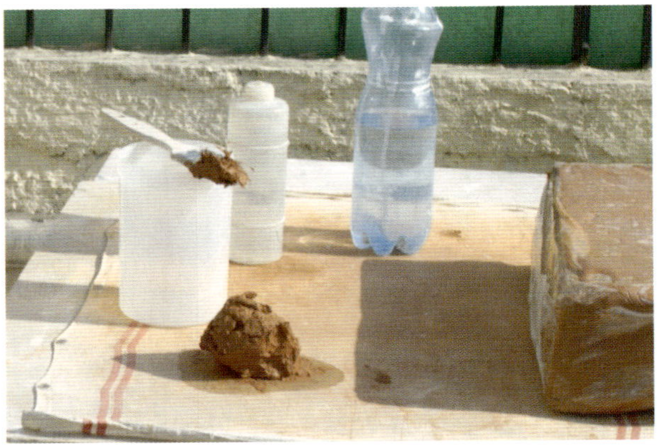

1. *Dans un récipient mettre un peu d'argile (celle que vous utilisez pour vos modelages).*

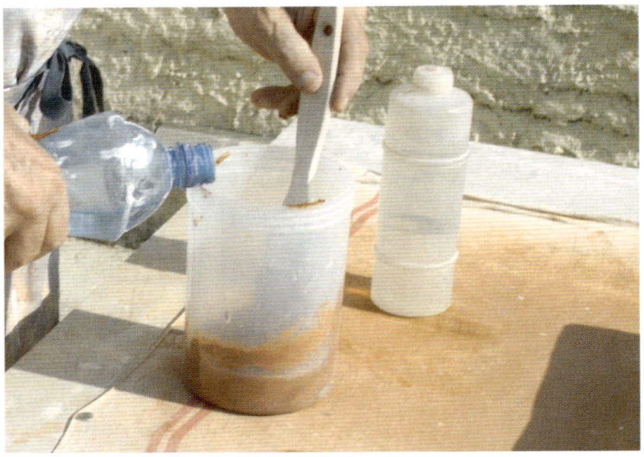

2. *Délayez cette portion d'argile avec un peu d'eau.*

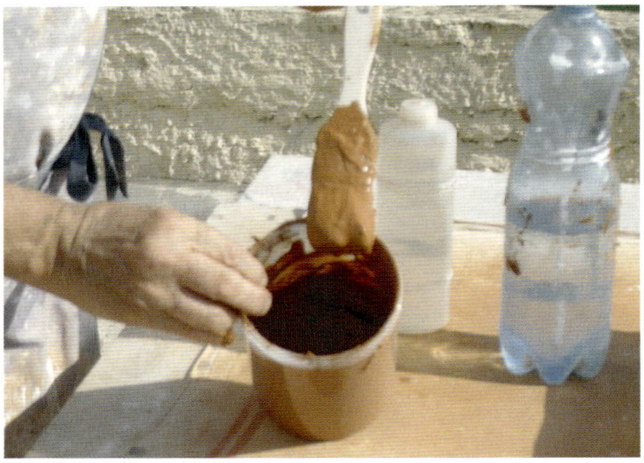

3. *Faites un mélange de la consistance d'une pâte à crêpe, il doit enrober les poils du pinceau sans couler.*

Préparation de l'argile : le malaxage

Lorsque vous commencez la réalisation d'une pièce il faut dans premier temps :
découper votre pain d'argile en parts. Celles-ci doivent être de la grosseur de l'objet à fabriquer.
Puis, comme pour préparer une pâte à tarte, malaxez ces portions afin de les rendre homogènes.

Note
Le malaxage peut diminuer la plasticité d'une argile.
Pour estimer son taux d'humidité prélevez une petite quantité de terre, façonnez un boudin, enroulez celui-ci sur lui-même deux ou trois fois, s'il se fendille votre argile n'a pas la bonne souplesse. Pour lui redonner toutes ses propriétés enveloppez la dans un chiffon humide, entourez d'un film en matière plastique souple. Laissez reposer un ou plusieurs jours.
Il est préférable de préparer vos pâtons d'argile un jour avant utilisation. En les conservant humides ils se travailleront plus facilement.
Lorsque vous débutez le façonnage des argiles travaillez vos éléments en surépaisseur (colombin, galette, plaque) car en cours de modelage et jusqu'à la finition vous allez amincir les éléments de votre pièce.

Munissez-vous de vos outils, préparez votre plan de travail, vous pouvez maintenant utiliser l'une des techniques décrites p. 14 pour réaliser une pièce.

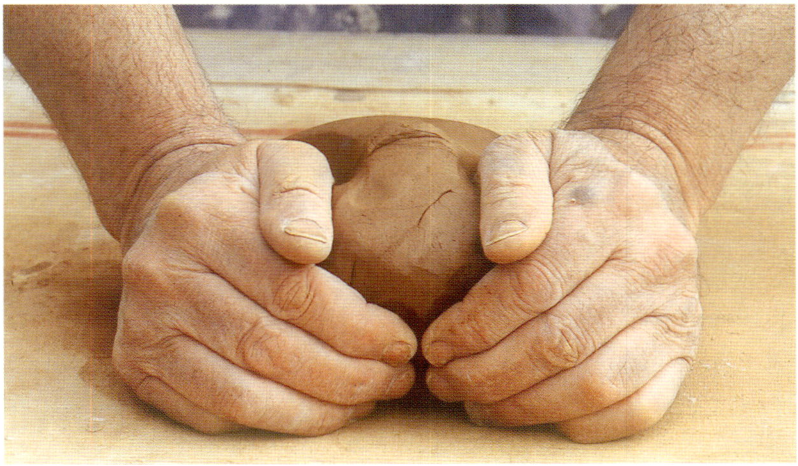

1. *Le malaxage consiste à pétrir fermement la terre en la retournant dans tous les sens.*

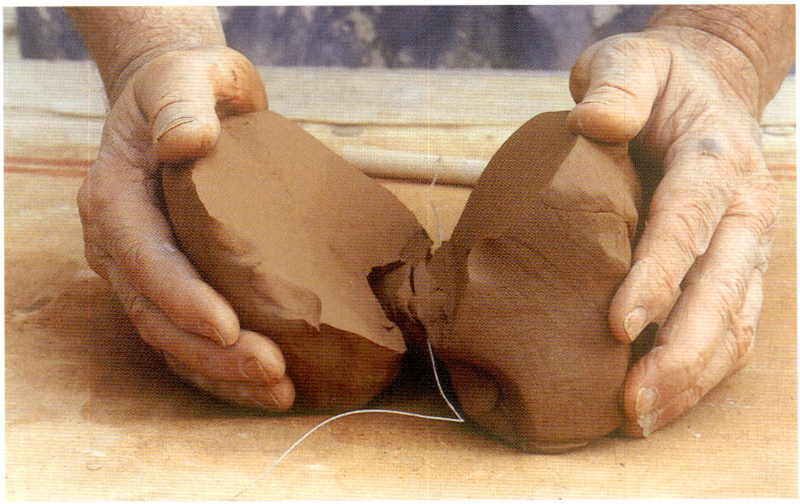

2. *Pour vérifier si celle-ci est bien compacte coupez-la en deux : elle doit présenter une masse homogène sans bulles.*
Rassemblez les deux morceaux assez fortement entre eux puis reformer votre boule.
Si nécessaire vous pouvez répéter ces opérations plusieurs fois avant de préparer vos pâtons d'argile.

Les étapes clefs étant terminées, voici le déroulement du façonnage à la boule.
Exécutez ce travail sur une tablette (en contreplaqué ou en latté) ou sur une tournette.
Vous aurez ainsi un support mobile qui vous permettra d'avoir accès à toutes les faces de votre pièce.

Façonnage à la boule d'un gobelet

Ci-contre je vous propose de commencer par modeler à l'aide d'une boule d'argile, un gobelet.

Prenez une part d'argile d'environ 350 g. Façonnez celle-ci en une boule.
Il ne vous reste plus qu'à suivre les explications données par le schéma et les illustrations pour réaliser cet objet.

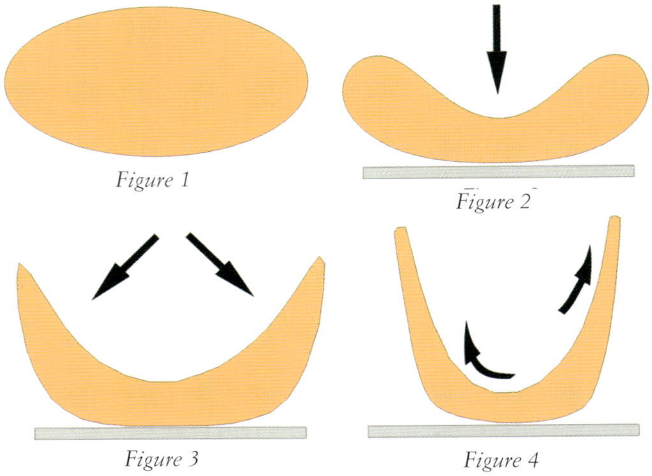

Schéma vu en coupe
Figure 1. Votre boule après malaxage.
Figure 2. Sur votre tablette ou votre tournette, creusez votre boule par pression des pouces en son centre (la tablette est colorée en gris sur le schéma).
Figures 3 et 4. Vous amincissez les bords en pinçant et en remontant l'excédent d'argile vers le haut. Faites pivoter petit à petit votre ébauche en exécutant cette opération.

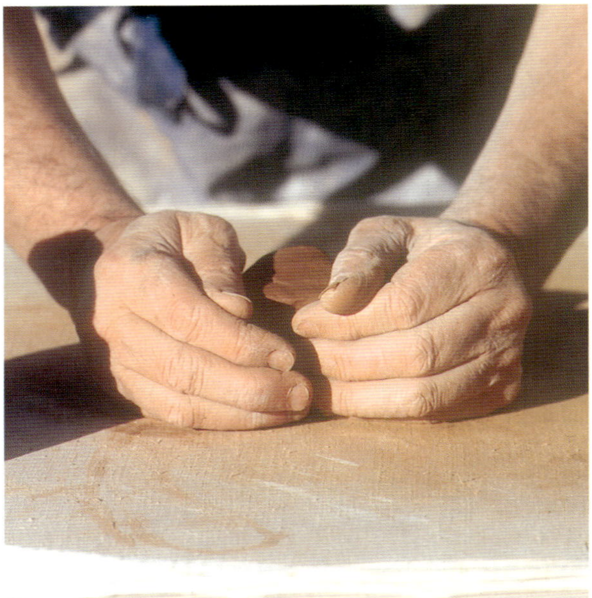

1. *Mise en boule du pâton.*

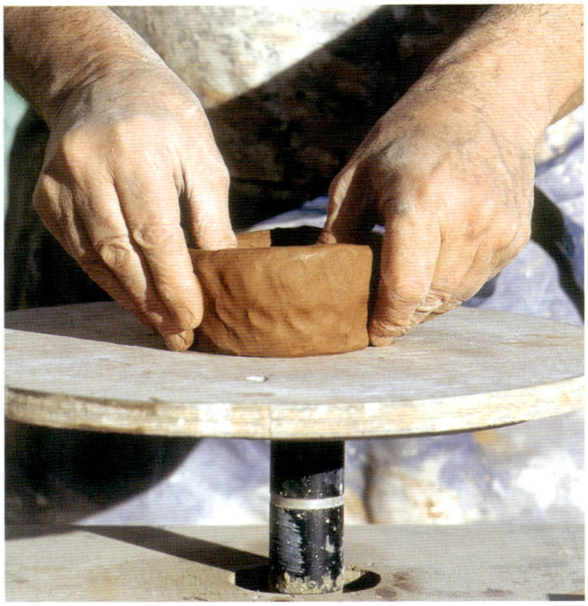

2. *Façonnez par pression des doigts en creusant avec les pouces le centre de la boule d'argile puis pincez les parois entre les pouces et les index pour modeler le gobelet.*

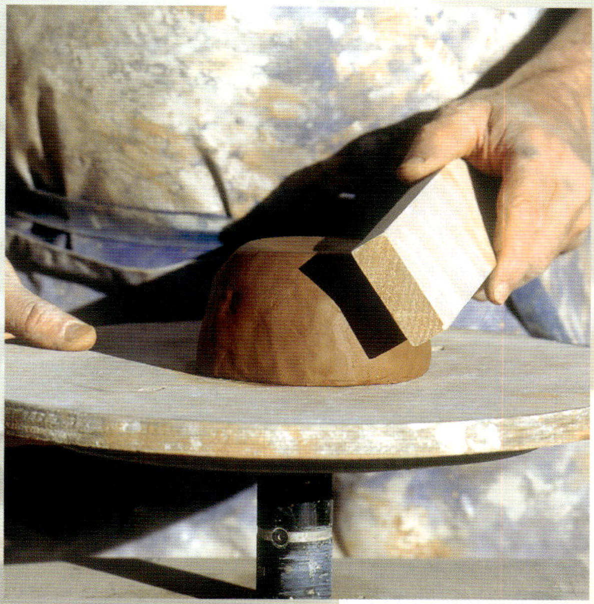

3. *Lorsque votre gobelet arrive à la hauteur désirée, retournez le. Avec votre batte égalisez votre forme en faisant pivoter la tournette.*

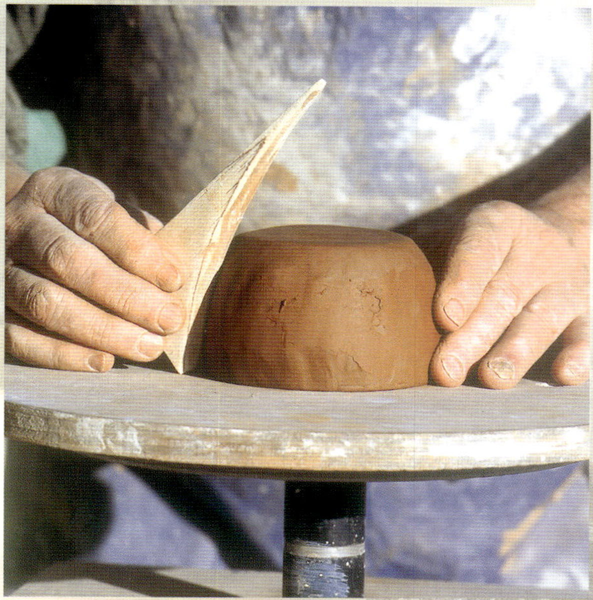

4. *Prenez une estèque en demi-lune et tout en tournant doucement votre girelle égalisez l'arrondi. Si vous n'avez pas de tournette faites de même avec le support adopté pour votre modelage.*

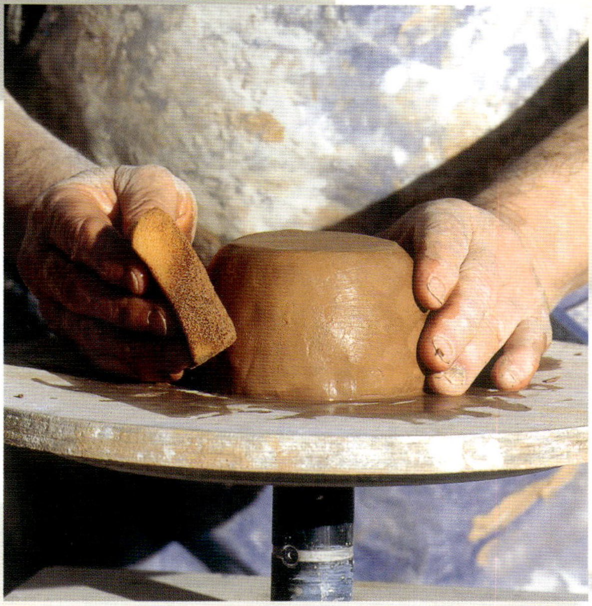

5. *Lissage à l'éponge humide.*

Réalisation du socle
(voir schémas ci-dessous et photos p. 18 et 19).

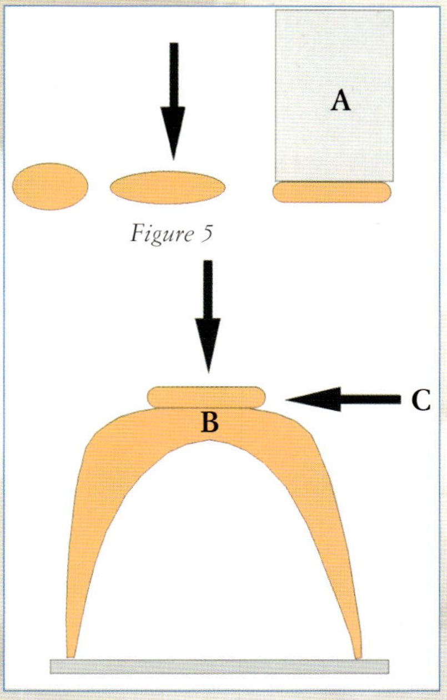

Schéma vu en coupe
Réalisez un socle à partir d'une boulette de terre aplatie. Découpez votre socle à l'aide d'un emporte-pièce A. Retournez votre pièce et soudez le socle sur B. Lutez en C.

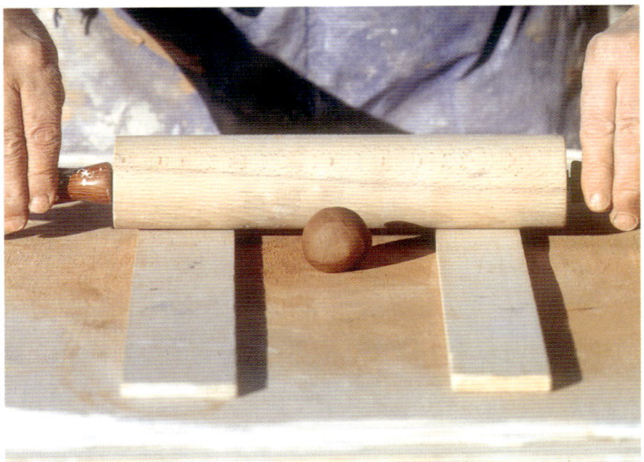

6. *Faites une boulette d'argile.*

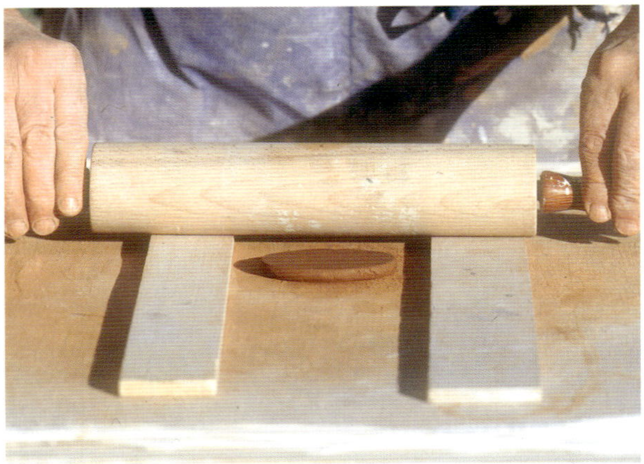

7. *Etirez la boulette d'argile entre deux réglettes avec votre rouleau.*

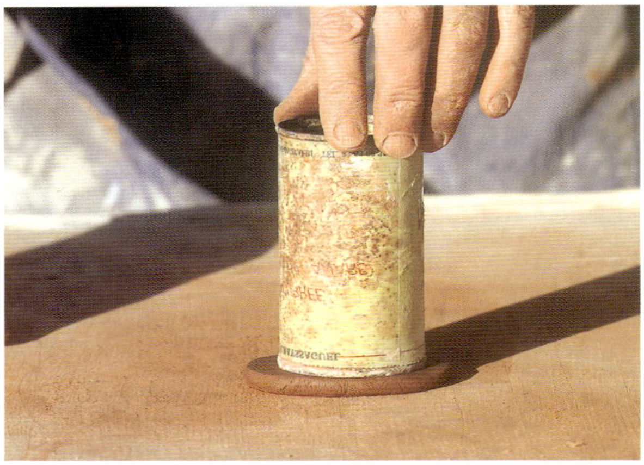

8. *Découpez le socle dans cette galette à l'aide d'un emporte-pièces (boîte de conserve, verre tasse etc...).*

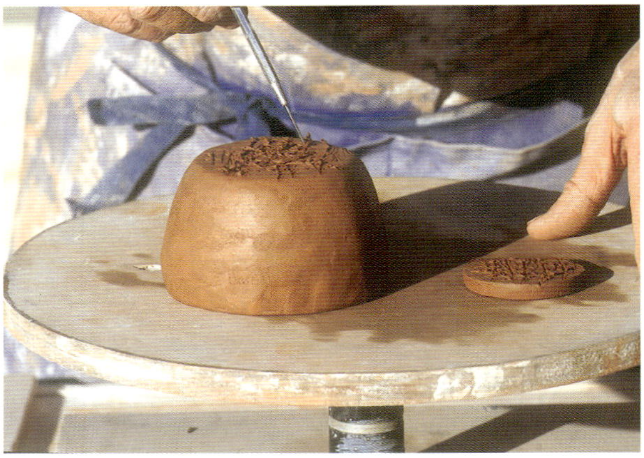

9. *Griffez le socle et le dessous de votre gobelet avec votre aiguille.*

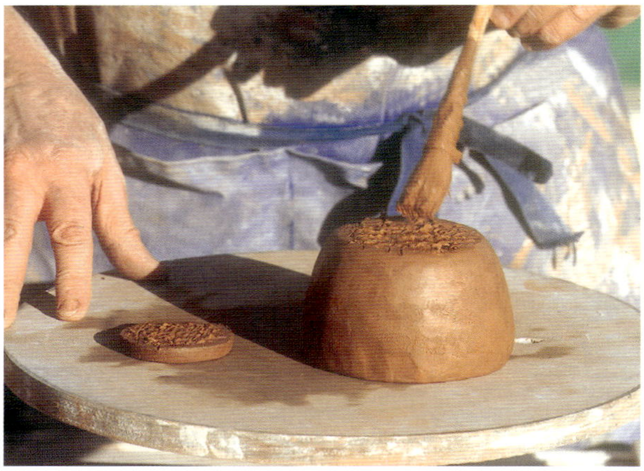

10. *Passez votre barbotine au pinceau.*

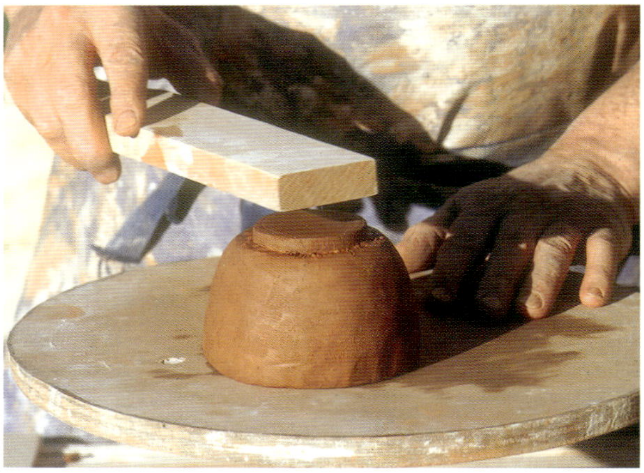

11. *Collez votre socle en tapotant légèrement à l'aide de votre batte afin d'éliminer les bulles d'air.*

Finition du socle

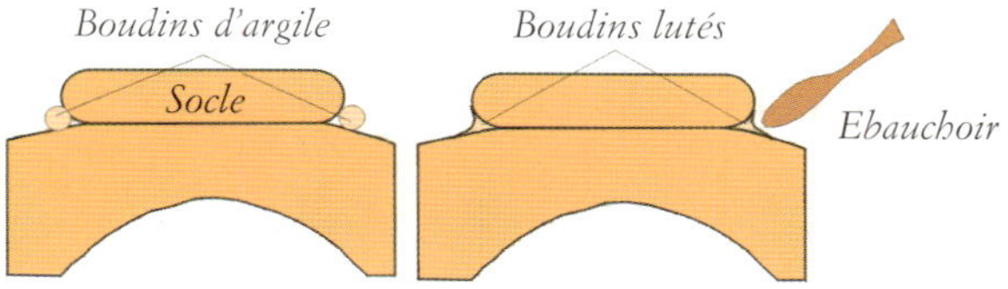

Schéma détaillé du collage du lut. Vue en coupe.

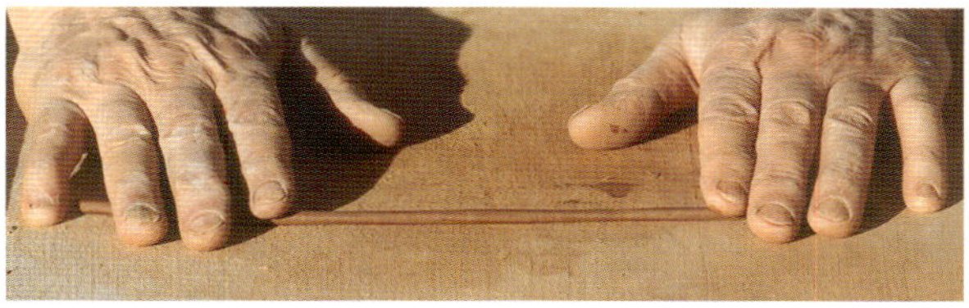

12. *Roulez un petit boudin d'argile sur votre plan de travail.*

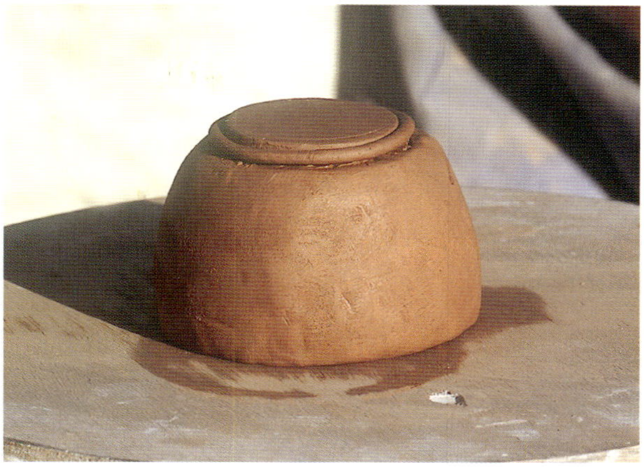

13. *Placez ce boudin tout autour de la ligne de collage.*

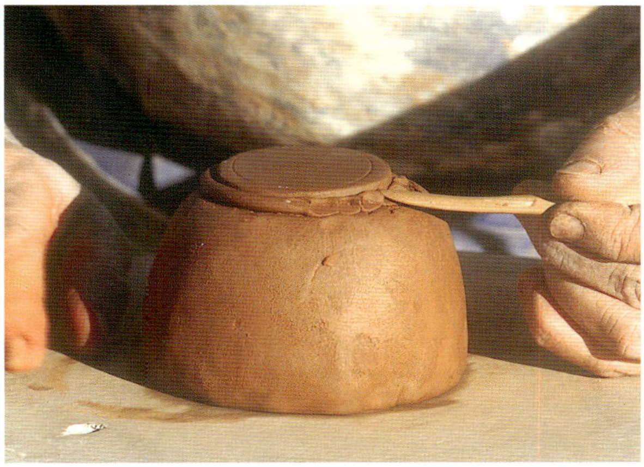

14. *Lutez ce boudin avec un ébauchoir.*

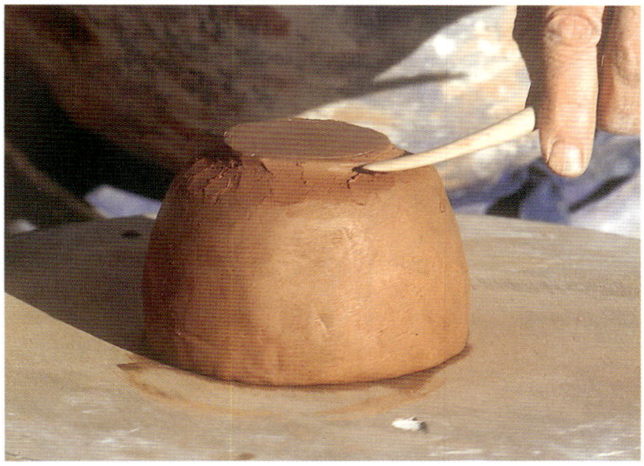

15. *Toujours avec votre ébauchoir finissez de réunir les deux parties, socle et fond, en égalisant la ligne de collage.*

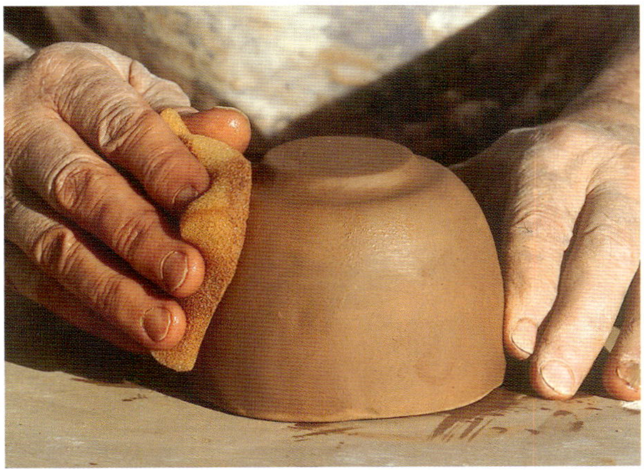

16. *Lissez à l'éponge humide.*

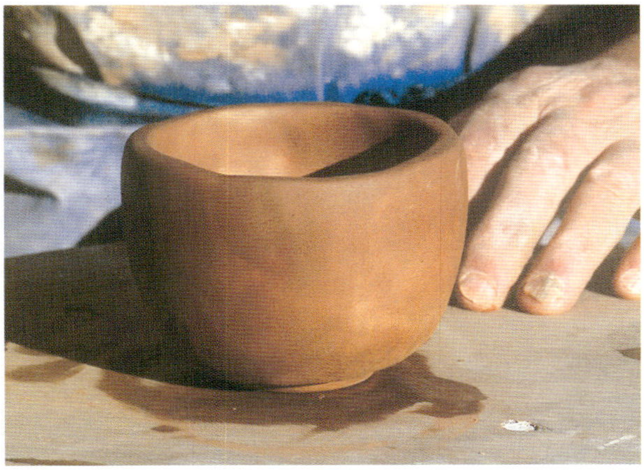

17. *Votre bol est terminé.*

La démonstration page précédente, pour coller et luter des éléments entre eux, doit être répétée à l'identique pour toutes les techniques décrites dans cet ouvrage. Même si elle n'est pas expliquée en détail dans toutes les illustrations qui suivent.

Ci-dessous, façonnage d'une coupelle à la boule d'argile.
Pour ce faire il vous faut environ 500 à 600 grammes d'argile.

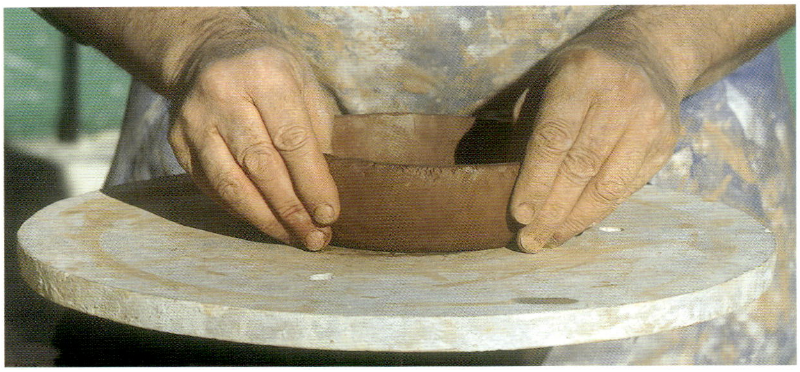

1. *Après avoir préparé votre pâton et exécuté les premiers gestes du modelage comme pour le gobelet. Remontez votre argile entre vos doigts pour façonner les parois de votre coupelle. Faites-la pivoter petit à petit sur votre plan de travail.*

Le travail à la boule convient pour exécuter des petites pièces : une coupelle, une tasse, un bol, un petit pot, etc.
Cet exercice est profitable pour une première approche des sensations que l'on éprouve à « triturer » une argile et à manier les outils.

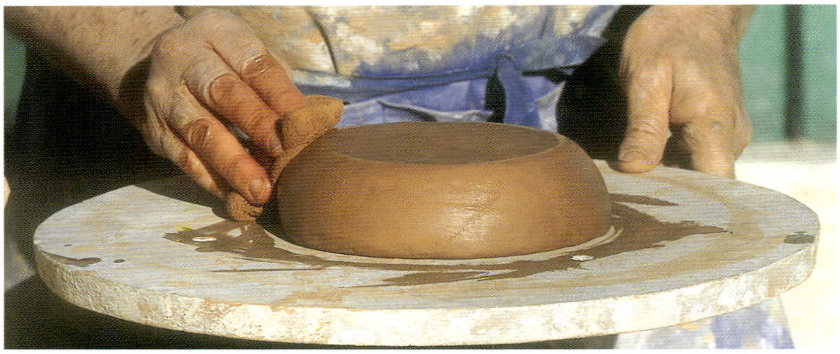

2. *Utilisez une estèque pour arrondir la forme et lissez à l'éponge humide.*

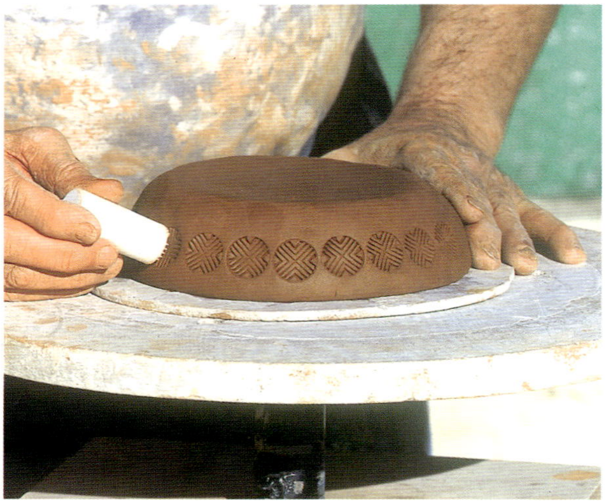

3. *Imprimez des motifs décoratifs à l'aide d'un emporte-pièces.*

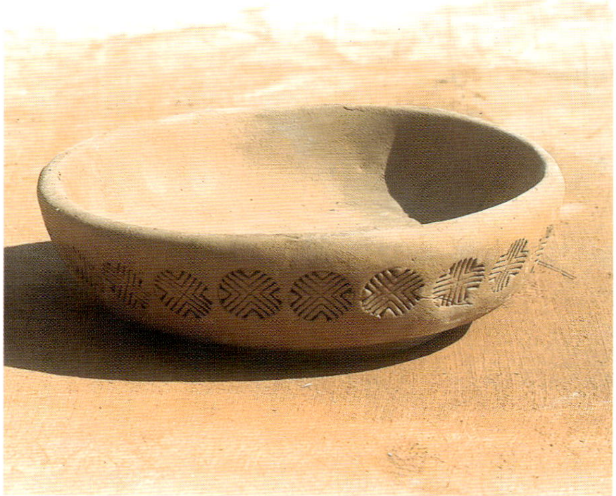

4. *Votre coupelle est terminée. Vous pouvez éventuellement lui ajouter un socle ou des pieds pour la surélever.*

Schéma de l'estampage d'un plat

Pour réaliser ce plat il vous faut un moule soit en plâtre (schéma vue en coupe) ou un plat pris dans votre vaisselier.
Les dimensions du modèle sont laissées à votre libre arbitre, mais comptez de 1 à 1,2 kilo pour un plat d'une dimension de 35 cm.

Figure 1

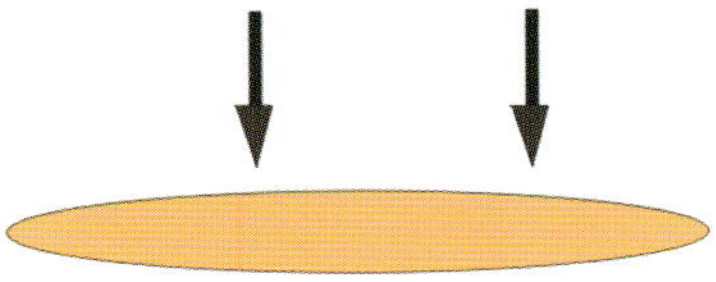

Figure 2

Figure 3

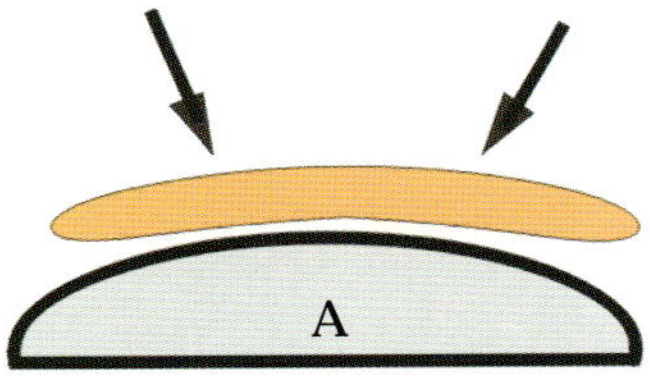

Figure 4

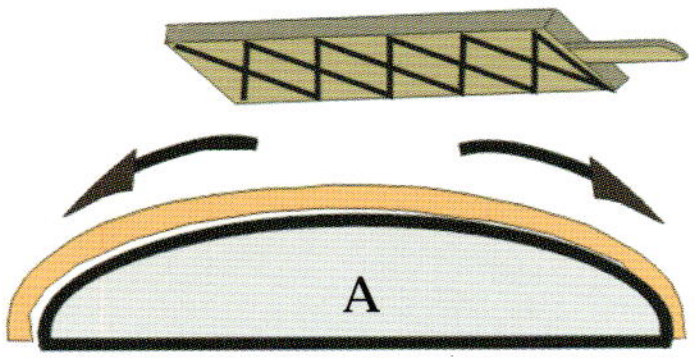

Figure 5

Figure 1. Préparez votre pâton d'argile.

Figure 2. A l'aide de la paume de votre main aplatissez celui-ci en lui donnant une forme circulaire.

Figure 3. Prenez deux réglettes et votre rouleau. Abaissez votre galette à l'épaisseur désirée.
A l'aide d'un moule en bosse A ou en creux B modelez votre plat.

Pour un moule pris à l'aide d'un objet non poreux, en faïence ou en matière plastique, recouvrez-le d'une feuille de papier journal ou d'un tissu en coton pour éviter que l'argile n'adhère aux surfaces de ces objets (opération inutile pour un moule en plâtre).

Figure 5. - A. Avec votre batte faites lui adopter la forme du moule.

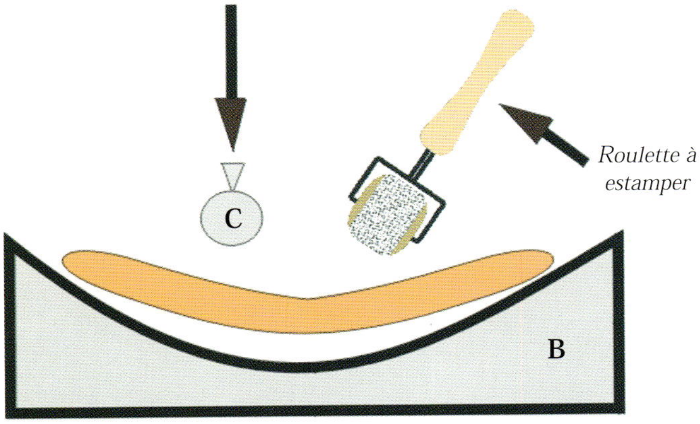

Schéma vue en coupe.

Si vous avez choisi un moule en creux prenez une balle de tennis ou une boule en bois, un œuf de couturière, entourez l'objet d'un tissu C et tapotez votre galette d'argile jusqu'à ce qu'elle prenne la forme et l'épaisseur désirées (voir schéma de gauche).
Finissez à la roulette à estamper (facultatif).
Découpez votre plat sur le moule au diamètre désiré à l'aide d'un objet ou d'un compas.
Puis lissez votre pièce à l'aide d'une estèque de forme adéquate et d'une éponge humide.

Estampage d'un plat à la galette d'argile

Pour étirer un pâton d'argile à l'aide d'un rouleau la manœuvre doit s'effectuer par plusieurs passages.
Retournez votre argile après chaque passage du rouleau et faites-la pivoter pour obtenir une circonférence régulière.

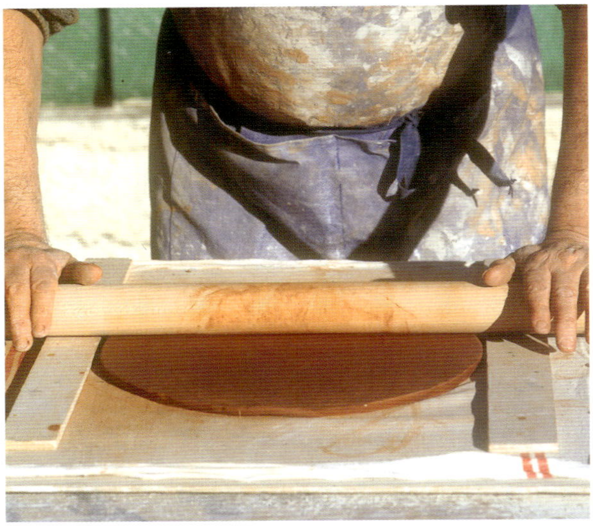

1. *Après avoir étalé au maximum votre pâton avec la paume de vos mains.*
Etirez celui-ci entre deux réglettes avec votre rouleau est formez une galette à l'épaisseur désirée (environ 1 cm).

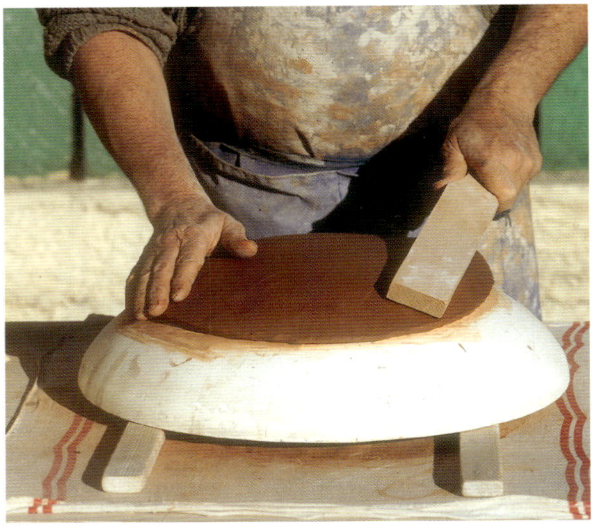

2. *Posez votre galette sur un moule et à l'aide de votre batte faites lui adopter la forme du moule.*

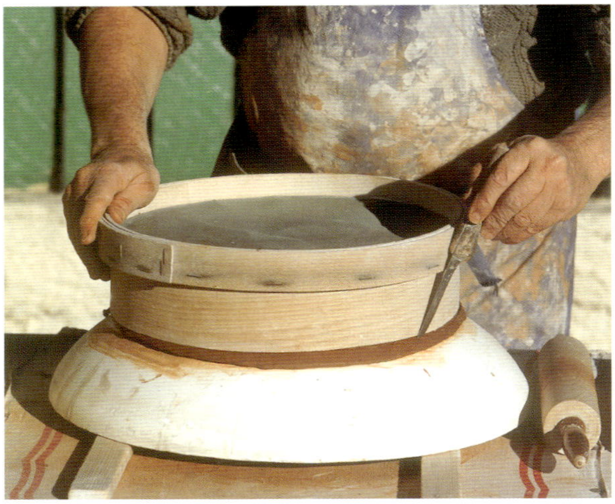

3. *Prenez un objet circulaire (tamis, bassine, etc.) posez-le sur votre galette et découpez le cercle de votre plat.*

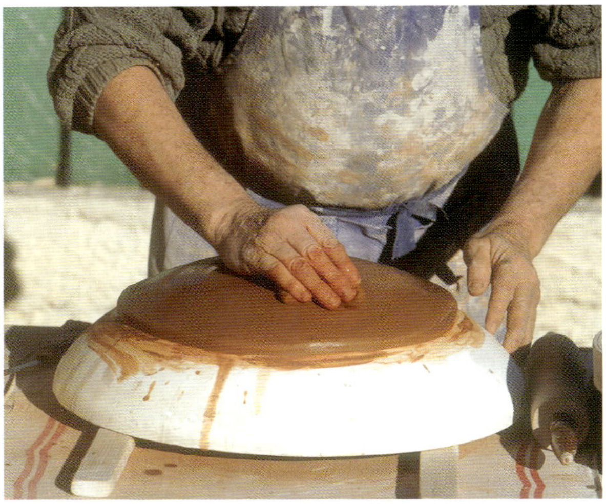

4. *Lissez à l'aide d'une estèque et finissez à l'éponge humide.*
Note : Pour vérifier si l'épaisseur de votre pièce est régulière piquez la surface de votre galette avec votre aiguille.

Pose du socle et lissage

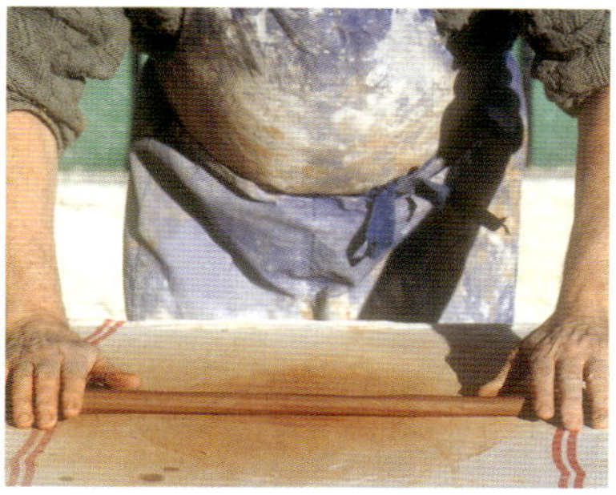

1. *Préparez un boudin pour réaliser le socle. L'épaisseur et la longueur seront fonction de la grandeur de votre plat. Griffez-le ainsi que le fond de votre plat et passez de la barbotine.*

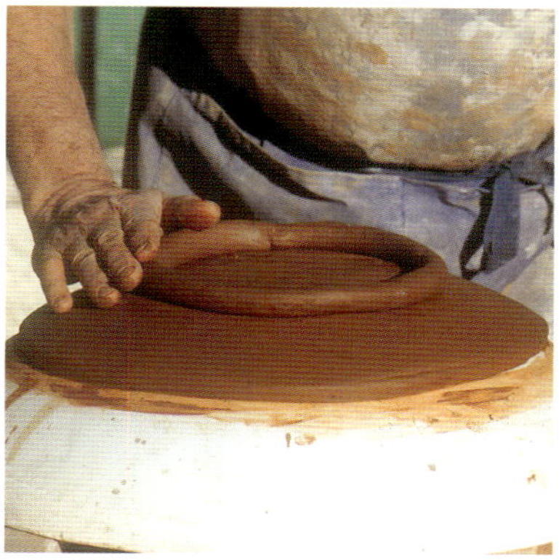

2. *Enroulez celui-ci et centrez le boudin sur le fond de votre coupe.*

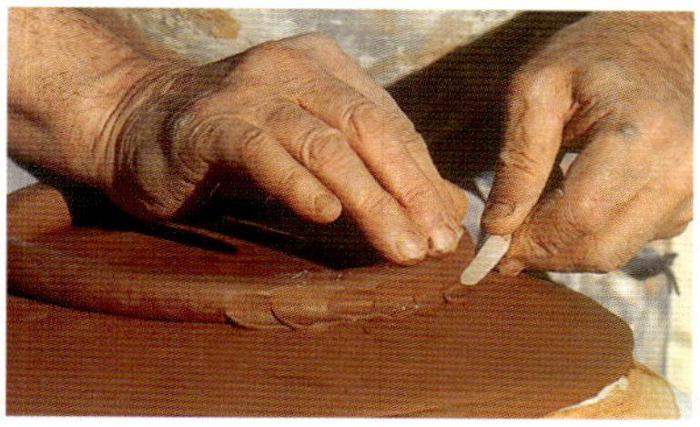

3. *Pressez-le tout autour avec vos doigts pour éliminer d'éventuelles bulles d'air ou tapotez-le à l'aide de votre batte. Avec un ébauchoir lutez celui-ci en commençant par l'extérieur comme le montre la photographie. Puis faites de même pour l'intérieur du boudin afin de le souder sous votre plat. Recouvrez l'ensemble, pièce et moule, avec un tissu de coton et attendez le lendemain pour exécuter la finition.*

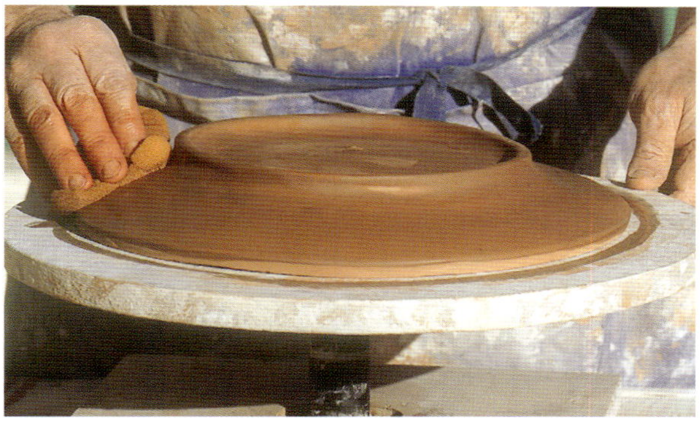

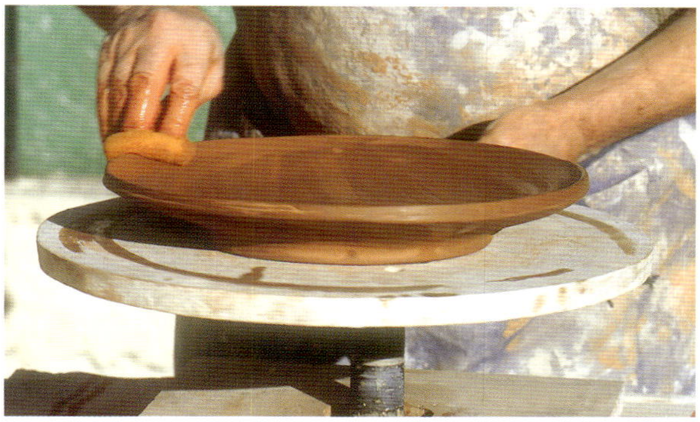

4-5. *Le lendemain ou lorsque votre pièce arrive à vert* (consistance du cuir) retirez-la du moule, finissez de lisser à l'éponge humide l'extérieur et l'intérieur de celle-ci. Eventuellement si l'intérieur de votre plat présente des petits trous ou si sa surface est fendillée, rebouchez avec un peu d'argile ou de barbotine et lissez à l'éponge.*

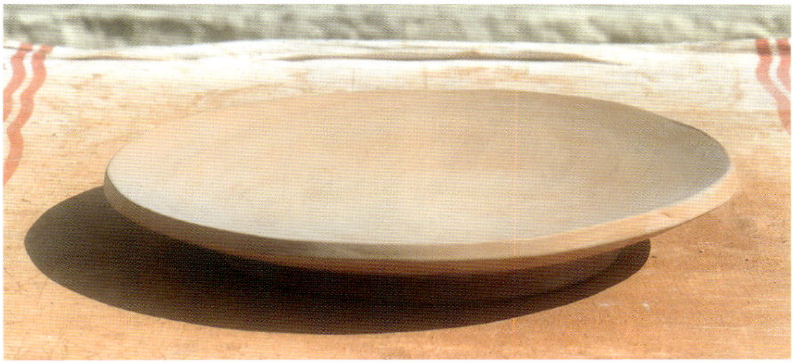

6. *Votre coupe terminée.*

* **Vert :** *à consistance du cuir, la pièce peut encore se travailler. Elle est suffisamment ferme pour être manipulée et son taux d'humidité encore élevé permet de coller des anses, des motifs décoratifs ou un socle et de rectifier des erreurs de modelage (fendillements, bosses à supprimer, trous à reboucher).*

Pour éviter que votre création ne se déforme au séchage suivez les instructions suivantes.

Le séchage

Le séchage dépend de la température de votre atelier. Votre pièce doit être mise dans un endroit aéré à l'abri des courants d'air ou d'une trop forte source de chaleur.
Par précaution couvrez-la d'un tissu durant deux à trois jours.
Si vous avez choisi un moule en plâtre ne laissez pas votre pièce trop longtemps dans ou sur le moule. Elle risque de se fendre par un séchage irrégulier.
La face de la pièce en contact avec le plâtre sèche plus rapidement que la face à l'air libre.
Pour éviter les déformations durant le séchage placez toujours votre pièce, si c'est possible, sur la plus grande face de celle-ci et sur une surface plane.
Fabriquez-vous des cales et des supports dans du polystyrène expansé ou extrudé, efficace pour le séchage des coupes et des plats allongés.

Figure 1

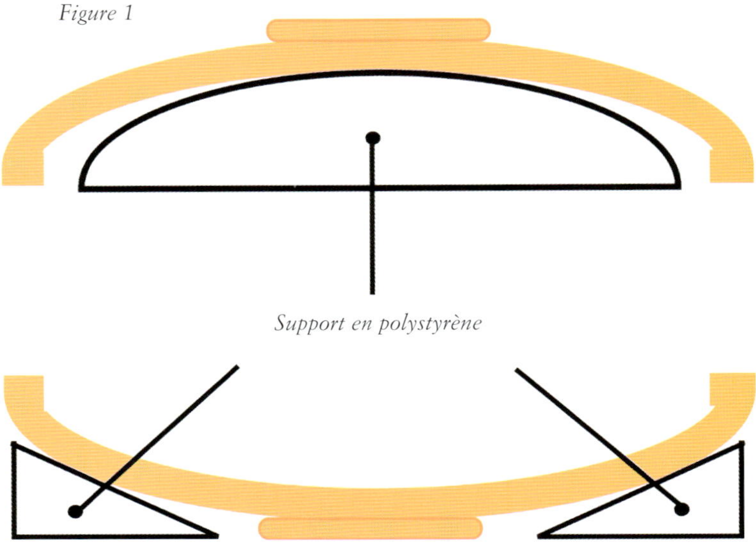

Exemple de séchage pour une coupe *(schéma ci-dessus)* :
Posez en premier votre pièce à l'envers sur un support demi sphérique.
Dès que votre pièce commence à prendre du retrait, retournez-la et posez sous celle-ci des cales de forme triangulaire. Figure 1.

Si votre pièce dépasse une épaisseur comme le montre la photo ci-dessous il est inutile de prendre ces précautions. Recouvrez-la simplement d'un tissu pour un séchage uniforme.

Note

Dans tous vos travaux de façonnage, vos pièces doivent conserver le même taux d'humidité dans toute leur masse. Vous pouvez en cours de modelage les vaporiser de temps en temps d'un voile d'eau à l'aide du brumisateur. Lorsque vous arrêtez votre travail, enveloppez-le ainsi que vos pâtons dans des chiffons humides, entourez le tout d'un film plastique. L'argile gardera toute sa souplesse.

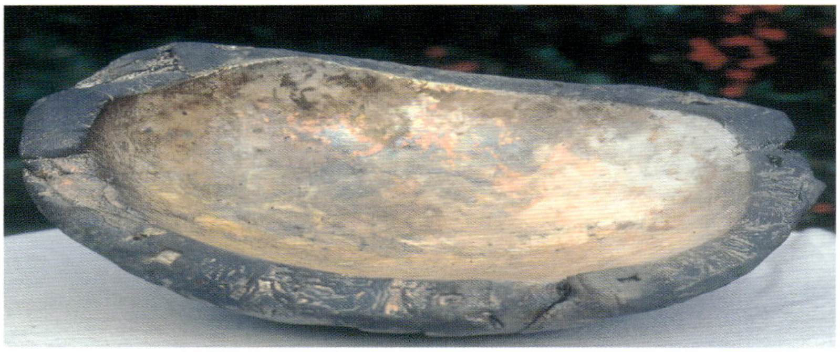

Plat long réalisé en terre rouge, chamotte 0.2, sur moule en plâtre. Création M. Pierre Architta.

Travail à la roulette à estamper dans un moule en plâtre en creux

Pour travailler la finition plus facilement utilisez une roulette à estamper voir description p. 46.
Elle sert à aplanir et à uniformiser les parois de vos pièces.
Si vous choisissez des formes carrées, rectangulaires, triangulaires, etc…
Après avoir défini leurs dimensions, découpez-les à l'aide du couteau et d'une règle.

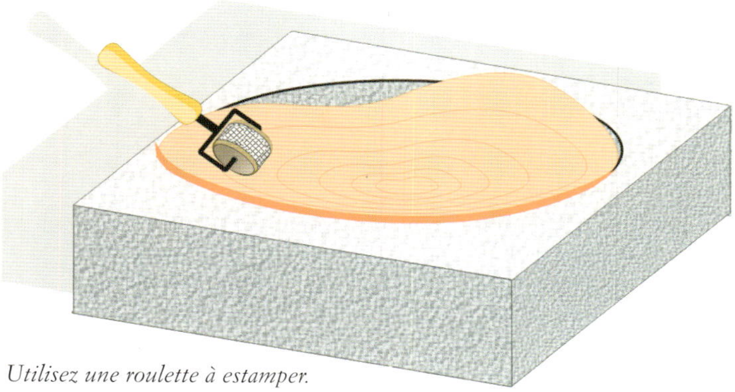

Utilisez une roulette à estamper.

Schémas du façonnage aux colombins d'un pot conique

Les étapes clefs étant franchies nous allons débuter notre travail aux colombins.
Boudinez sommairement votre pâton d'argile. Figure A et B.
Découpez des parts d'argile figure C et D qui vous serviront à confectionner vos colombins. Figure E.

Préparez une quantité de colombins correspondant au façonnage de votre pièce.
L'épaisseur de ces derniers est fonction des dimensions de votre pot.
Une fois vos colombins prêts à l'emploi protégez-les sous un linge humide.
Ces colombins ont des longueurs indéterminées il faudra les adapter aux dimensions de votre pièce. Chacun augmentera d'autant en longueur pour respecter l'évasement de la pièce. (Figure 1).
On commence par découper un socle (Figure 2).

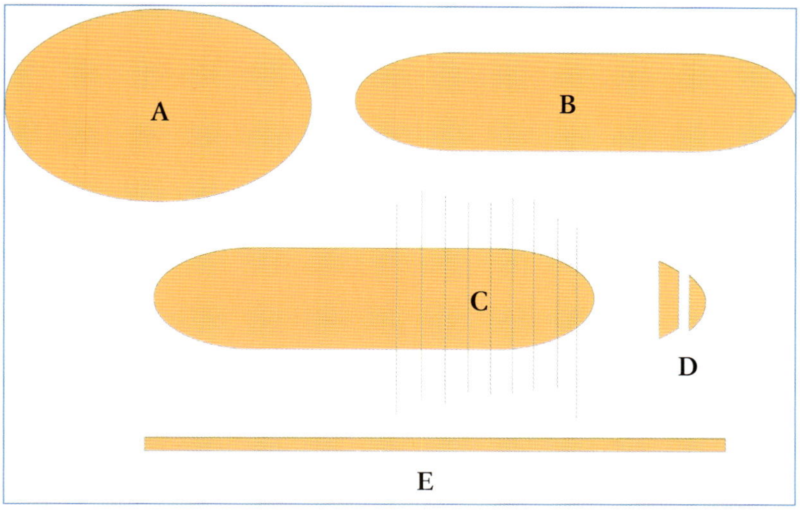

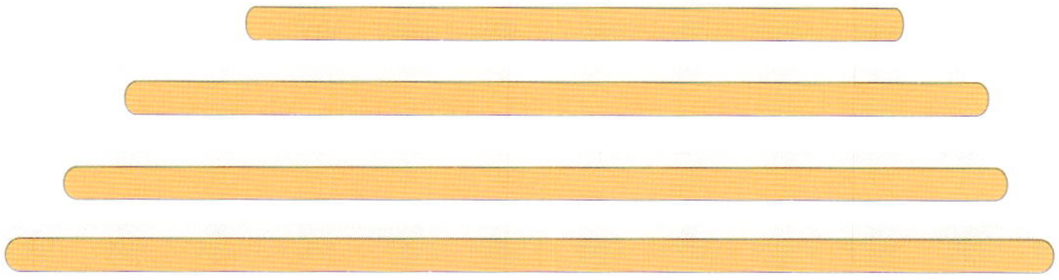

Figure 1

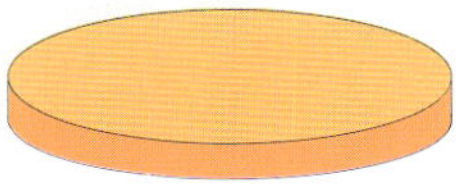

Figure 2

Schéma vue en volume.

Prenez un colombin. (Figure 1) coupez-le à la dimension adéquate et arrondissez-le. Collez-le sur le socle. (Figure 3).

Répétez cette opération jusqu'à épuisement du stock de colombins. (Figures 3 et 4). Tous vos colombins doivent être griffés et enduits de barbotine. Collez en exerçant dessus une légère pression en les tapotant avec votre batte pour éliminer les bulles d'air.
Terminez votre pièce aux dimensions voulues.
Finissez de lisser à l'estèque et à l'éponge humide (Figure 5).

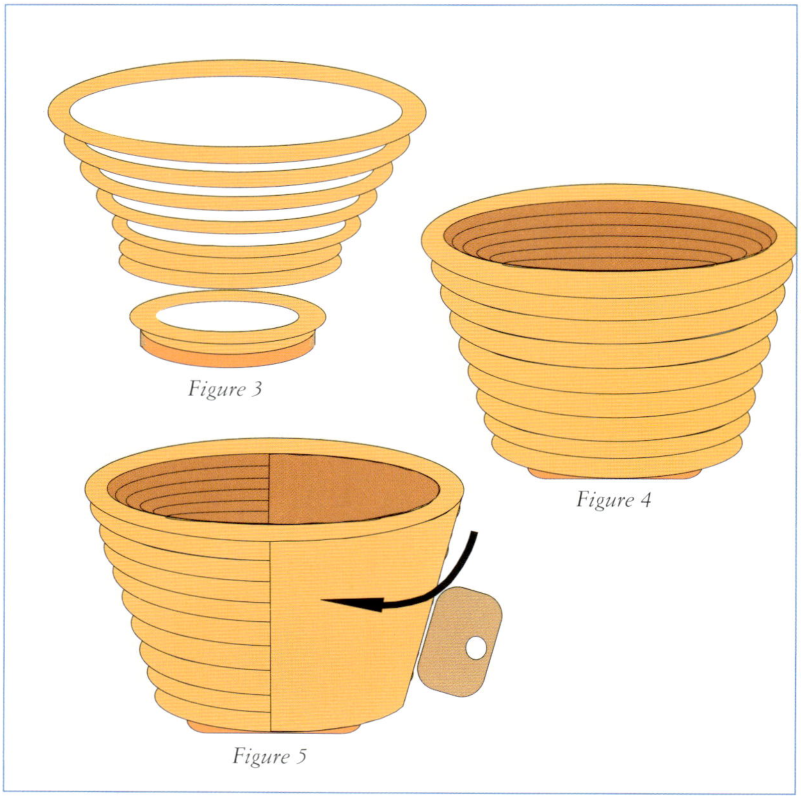

Schéma Vue en volume.

Modelage d'un pot conique

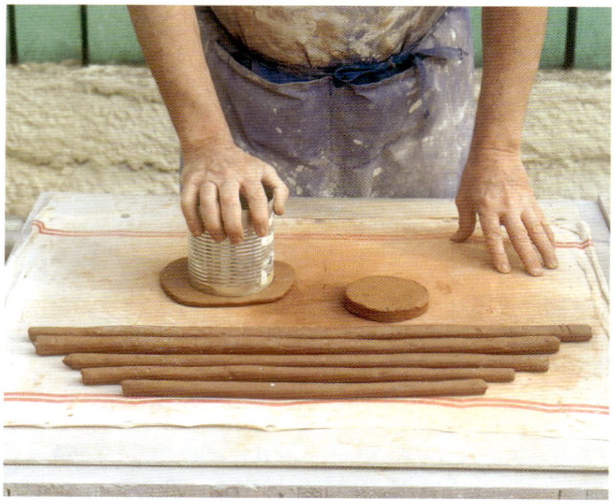

1. *Préparation des colombins et du fond de votre pot.*

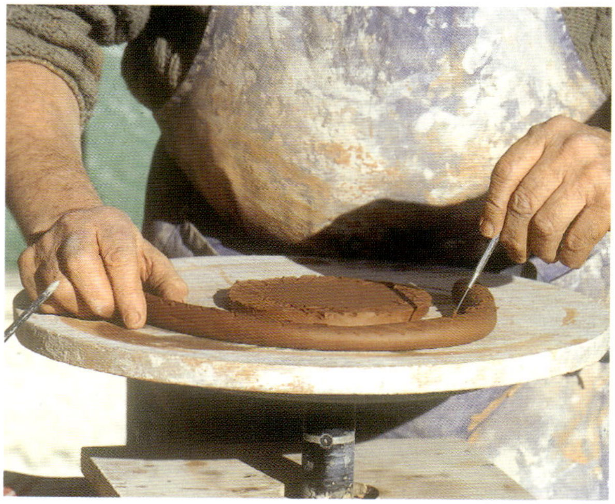

2. *Griffez un colombin et le fond de votre pot, passez une légère couche de barbotine sur les parties griffées.*

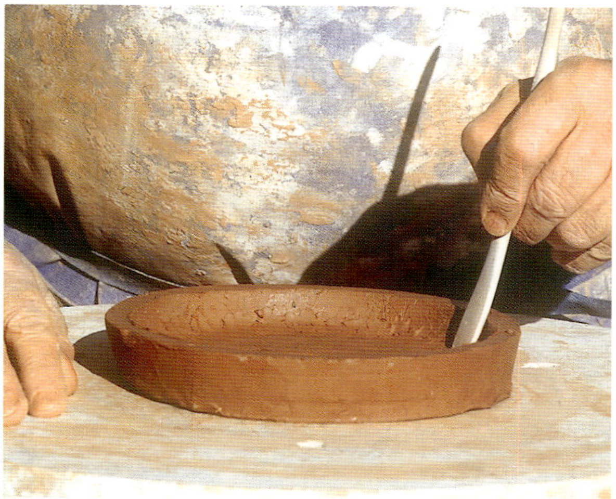

3. Pose de votre premier colombin. Collez et lutez celui-ci avec le fond du pot.

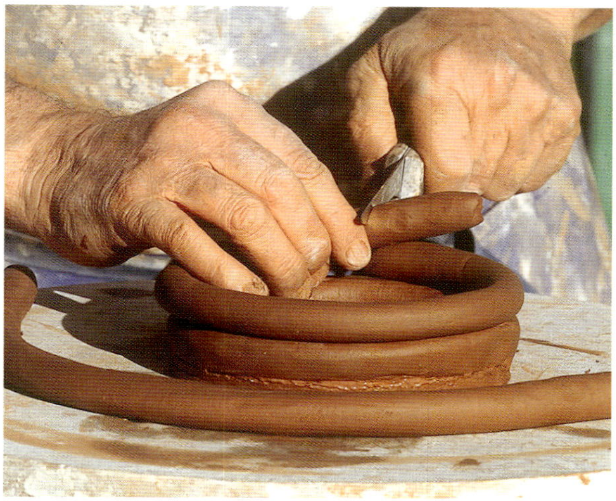

4. Assemblage des colombins.

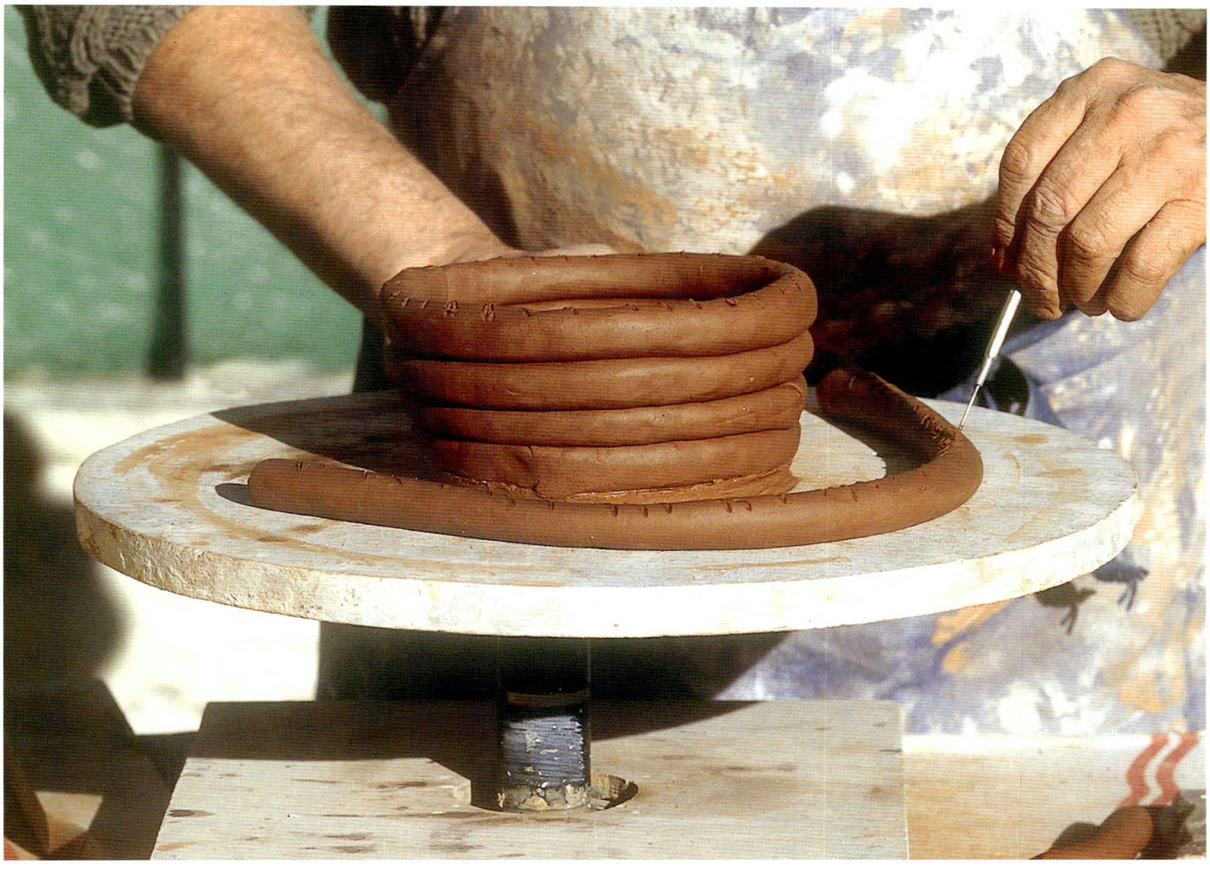

5. Toujours en griffant et en passant de la barbotine sur chacun d'entre eux, superposez vos colombins.
Pour un meilleur collage, avant de les griffer et de passer votre barbotine, tapotez-les avec votre batte.

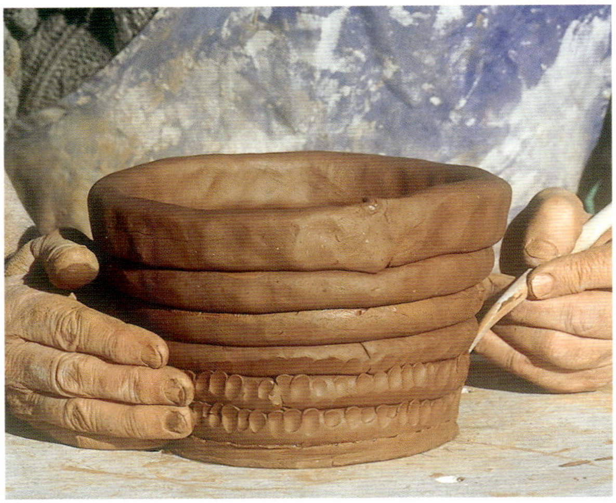

6. *Votre pot arrive à la bonne hauteur. Luttez vos colombins à l'aide d'un ébauchoir.*

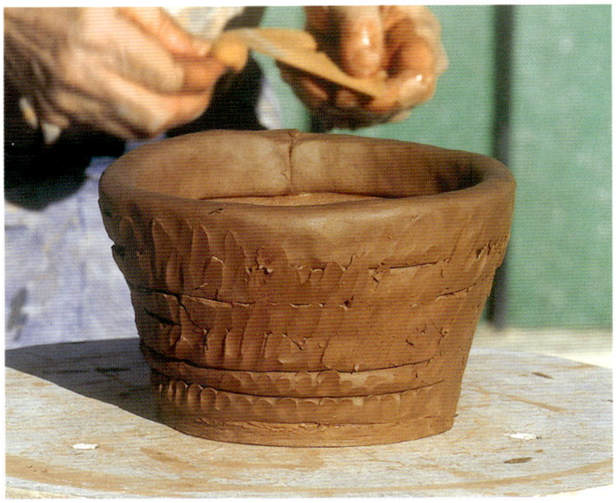

7. *Finissez de souder tous vos colombins.*

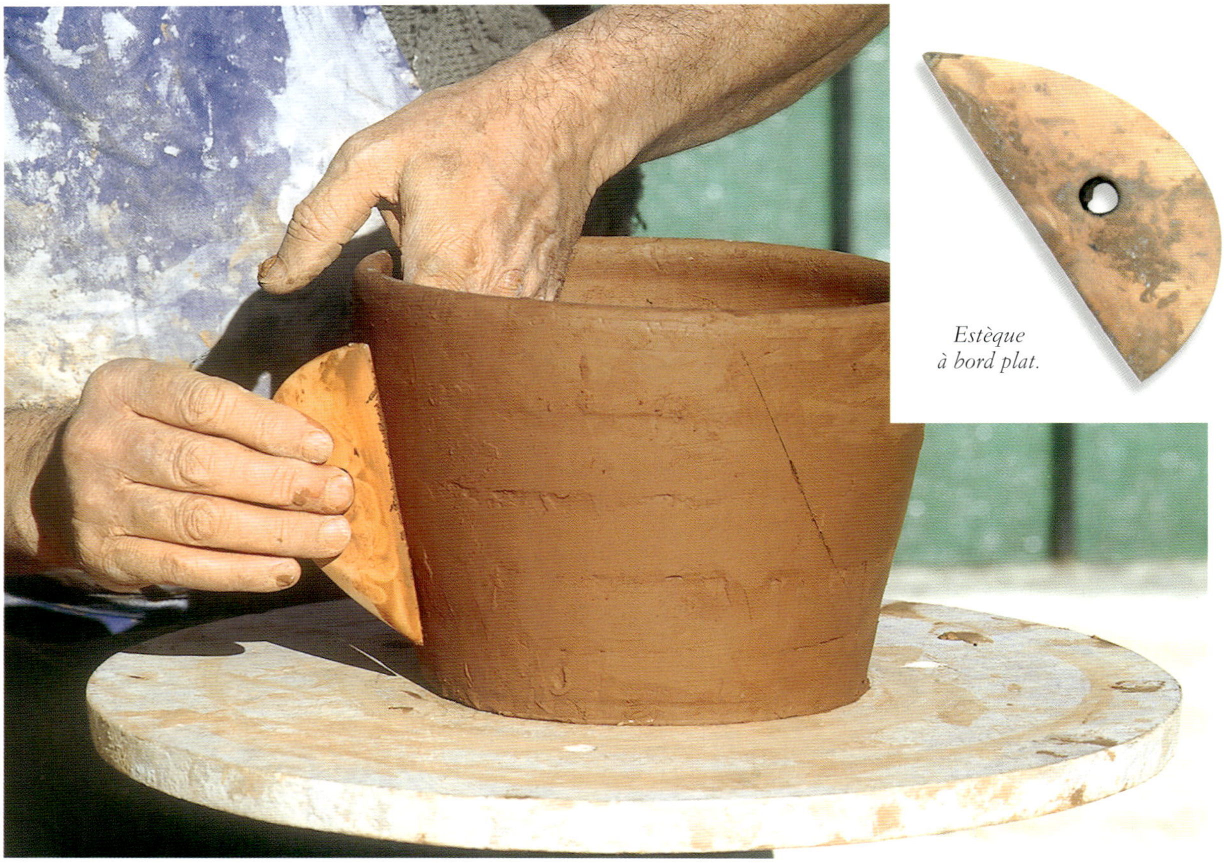

Estèque à bord plat.

8. *Lissez de bas en haut votre pot à l'aide d'une estèque à bord plat.*

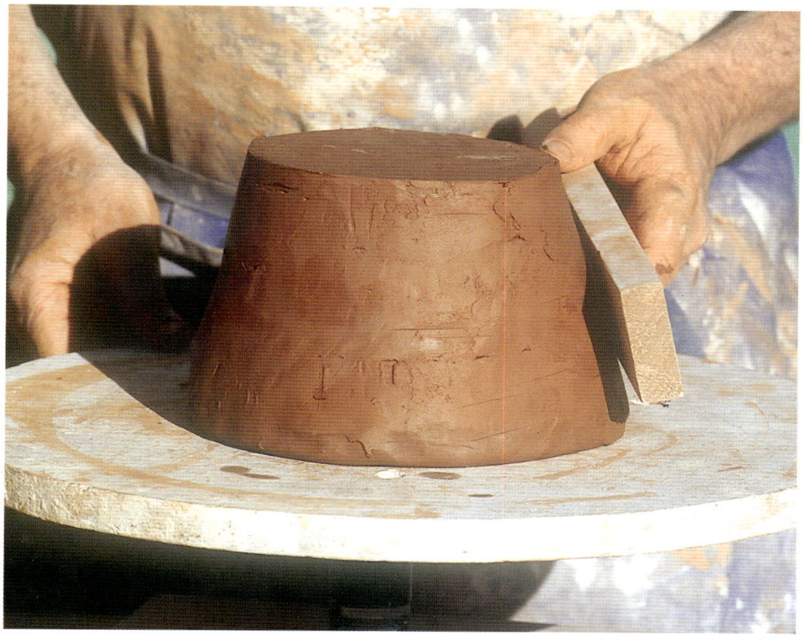

9. *Retournez votre pièce. Avec votre batte consolidez la forme conique le plus régulièrement possible en tapotant la surface du pot. Aidez-vous en tournant doucement votre pièce.*

Note

Tous les travaux de poterie génèrent obligatoirement des déchets d'argile qui sont recyclables. Entourez-les dans un linge humide. Enveloppez le tout dans un film en matière plastique. La récupération des déchets demande un fort malaxage et battage afin d'éliminer toutes les bulles d'air. Vous reconstituerez ainsi des pâtons d'argile « bons pour le service ».

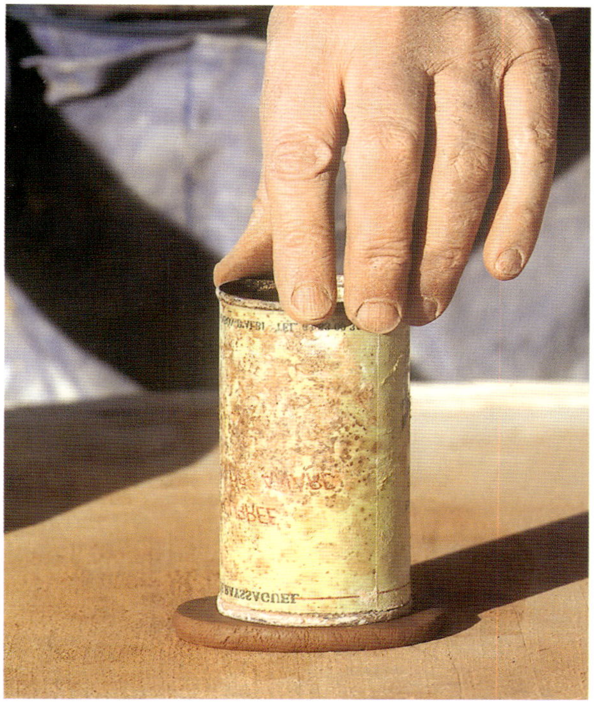

10. *Découpez le socle dans une galette d'argile avec un emporte-pièce.*

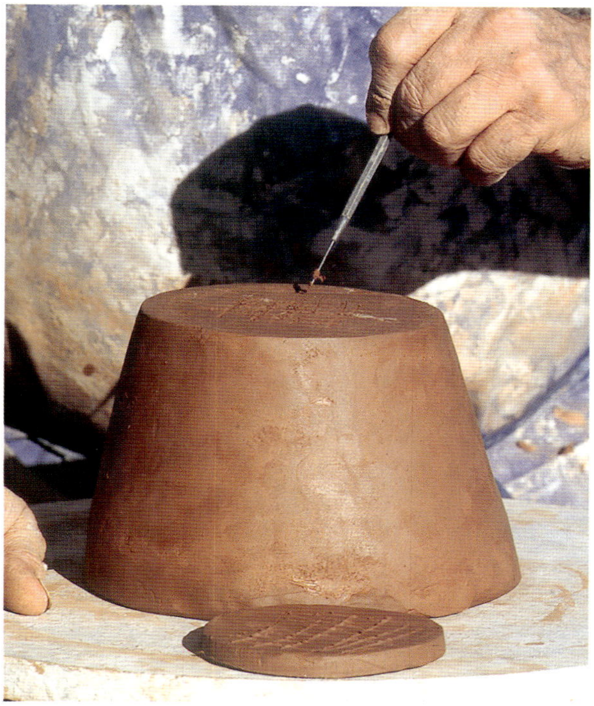

11. *Griffez les surfaces à coller : socle et fond du pot, puis passez de la barbotine.*

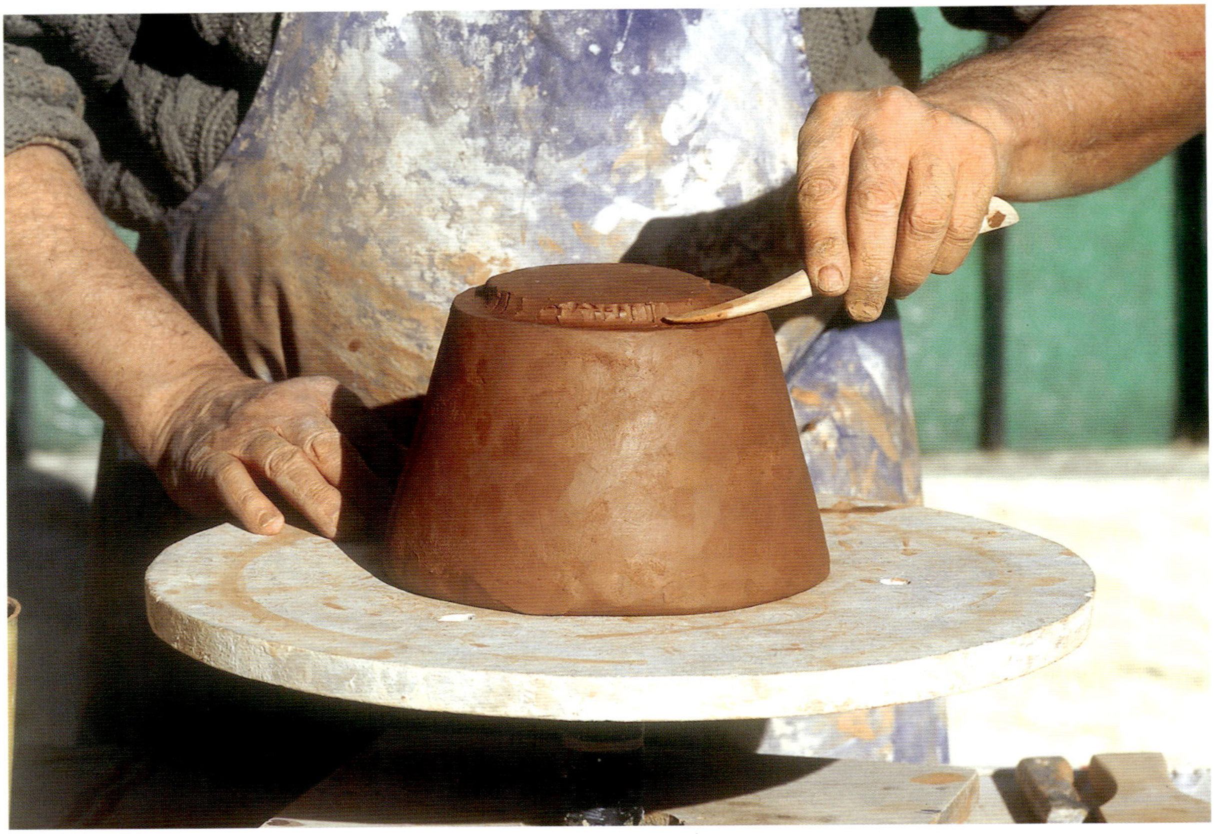

12. *Posez et lutez votre socle à l'aide d'un petit boudin d'argile.*

Découpe et pose des anses

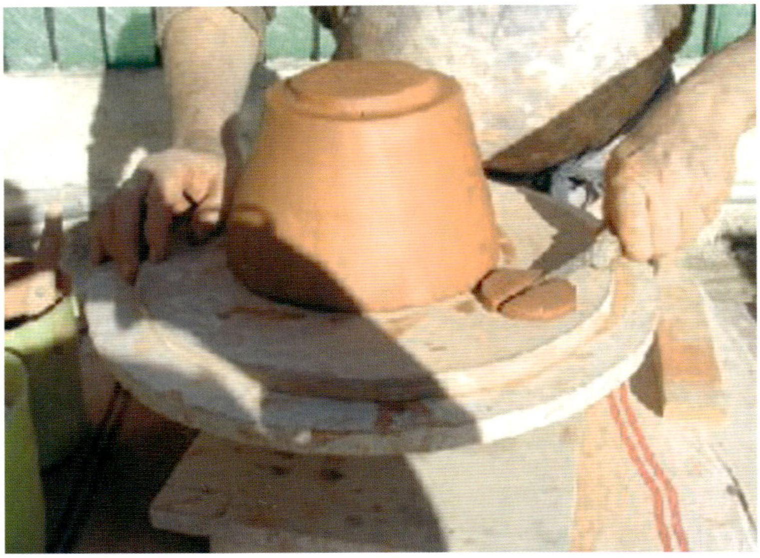

13. *Confectionnez les anses dans une rondelle de terre que vous coupez en deux.*

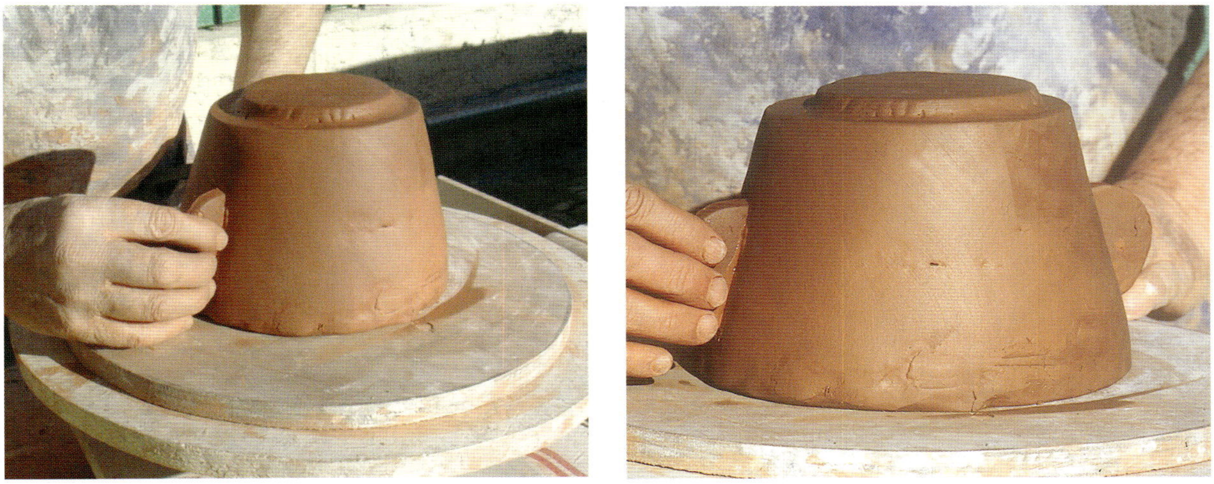

14-15. *Positionnez les anses de chaque côté de votre pot, collez et lutez avec un ébauchoir.*

Impression du décor à l'aide d'un emporte-pièce

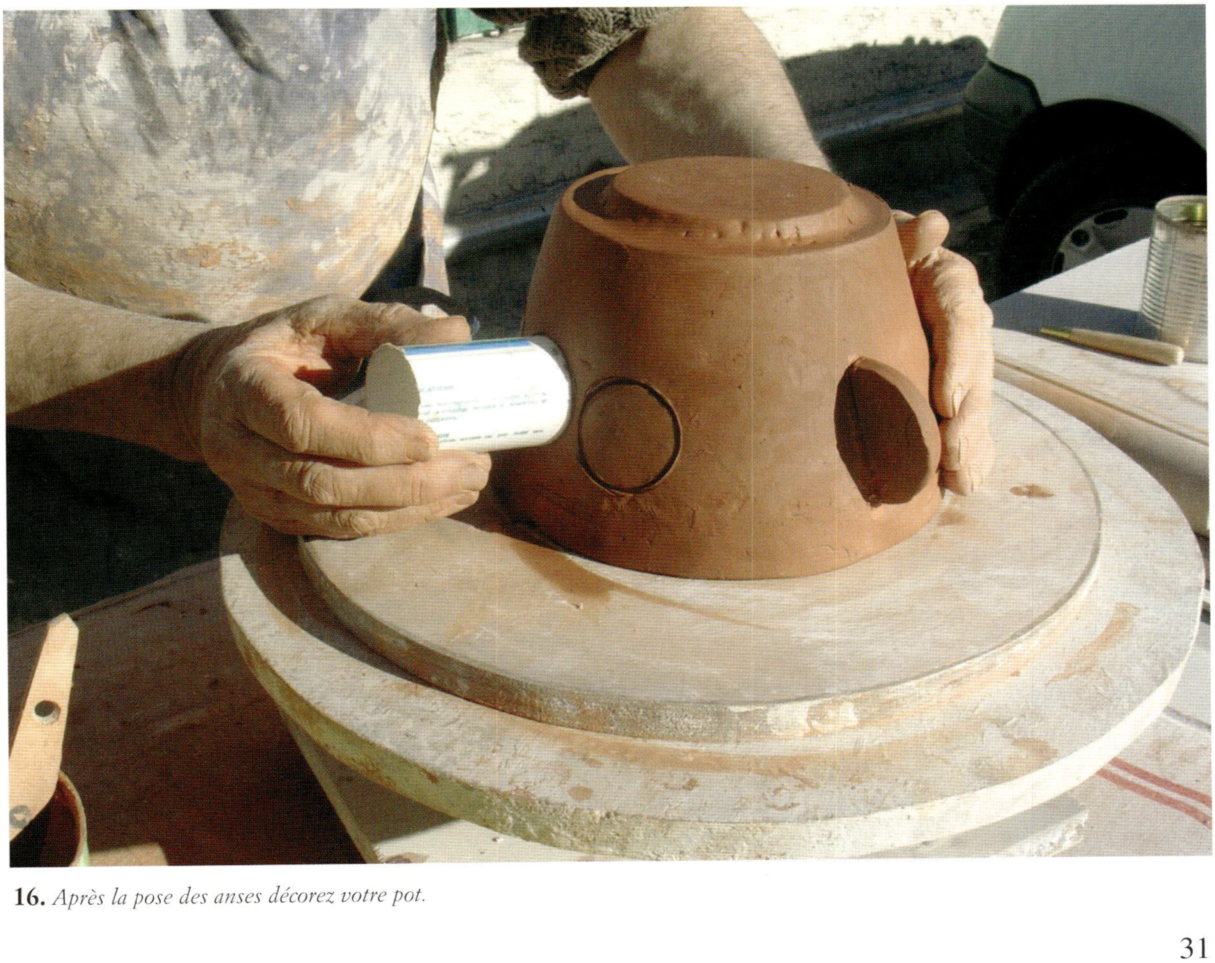

16. *Après la pose des anses décorez votre pot.*

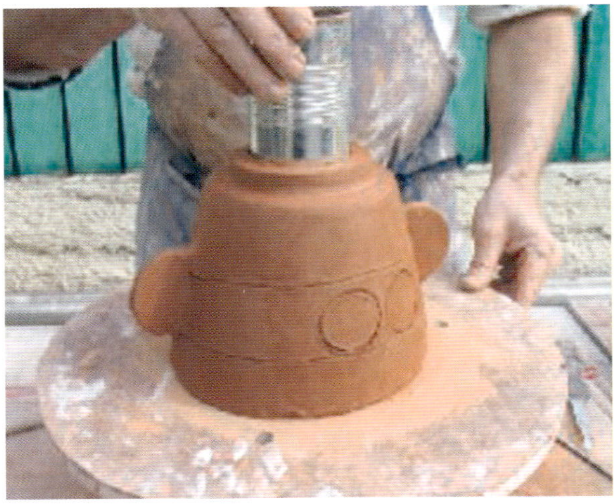

17. *Vous pouvez alléger votre socle en découpant, à l'aide d'un emporte-pièce, un disque d'argile en son milieu. Retirez celui-ci et lissez l'intérieur à l'éponge.*

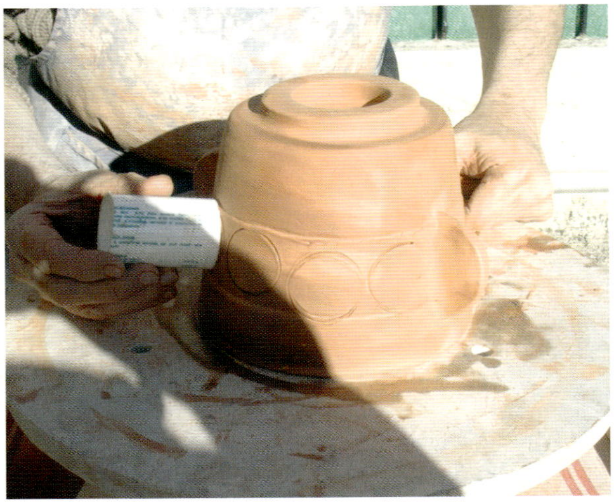

18. *Finissez le décor du pot.*

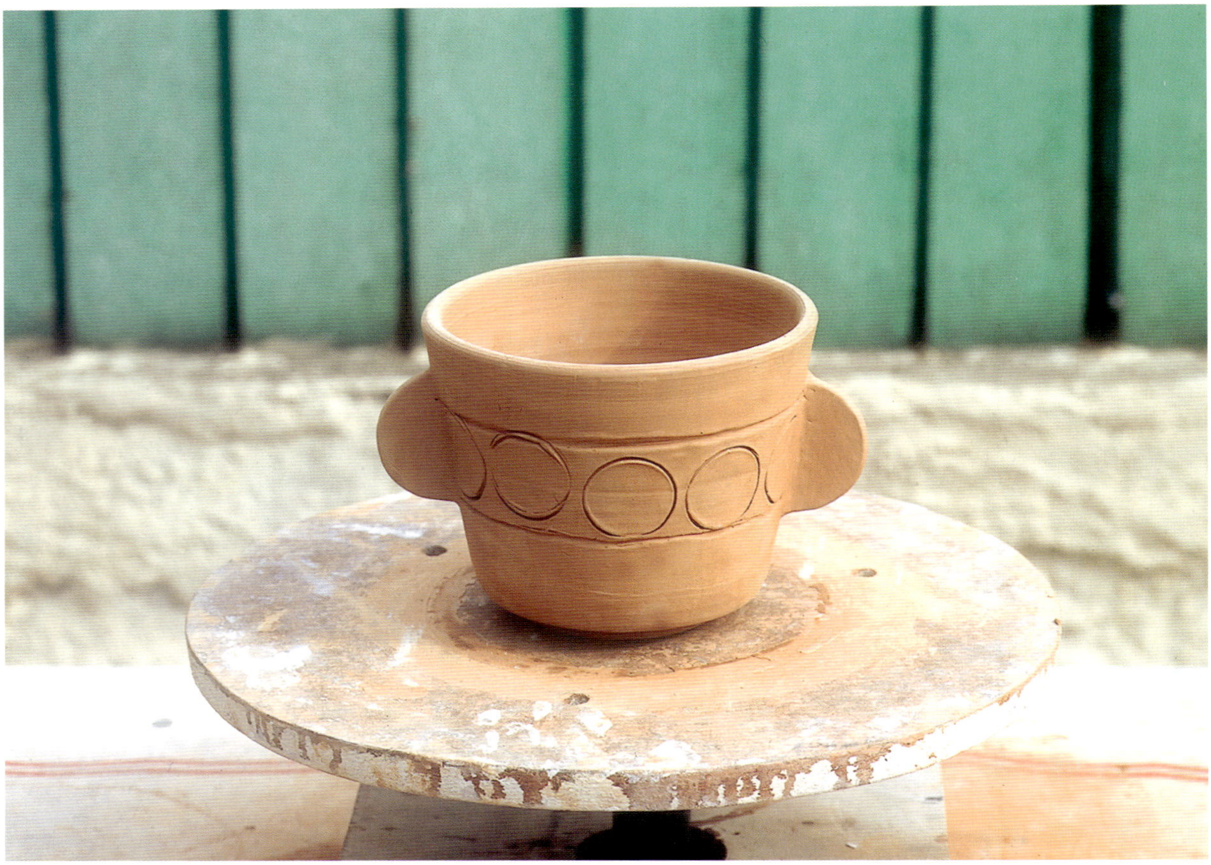

19. *Votre pot terminé.*

Façonnage à la bande d'argile

Les différentes phases de travail sont identiques à celui du montage aux colombins.
Après avoir modelé vos bandes d'argiles et les avoir découpées régulièrement, soudez-les pour former des cercles excentriques, qui seront ensuite superposés et formeront ainsi votre pièce.

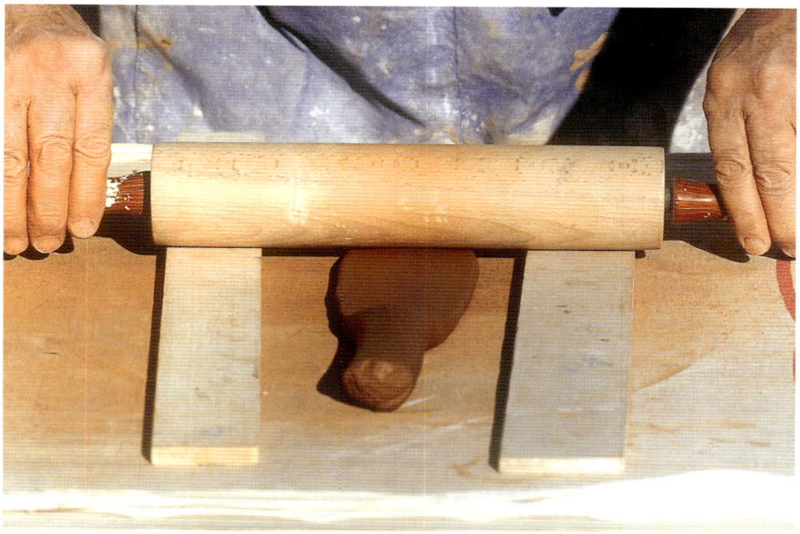

Entre deux réglettes aplatissez des boudins d'argile d'une longueur à définir suivant le diamètre choisi pour façonner votre pièce.

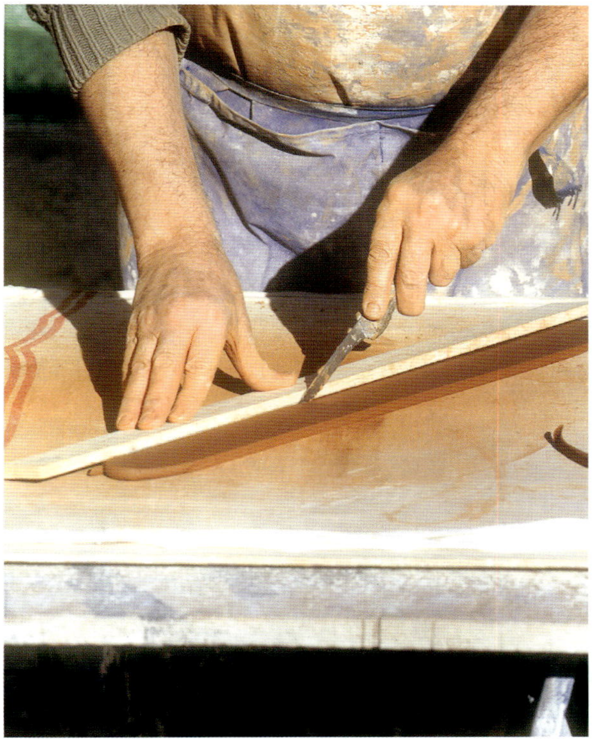

Découpez des bandes d'environ 3 à 4 cm de large.

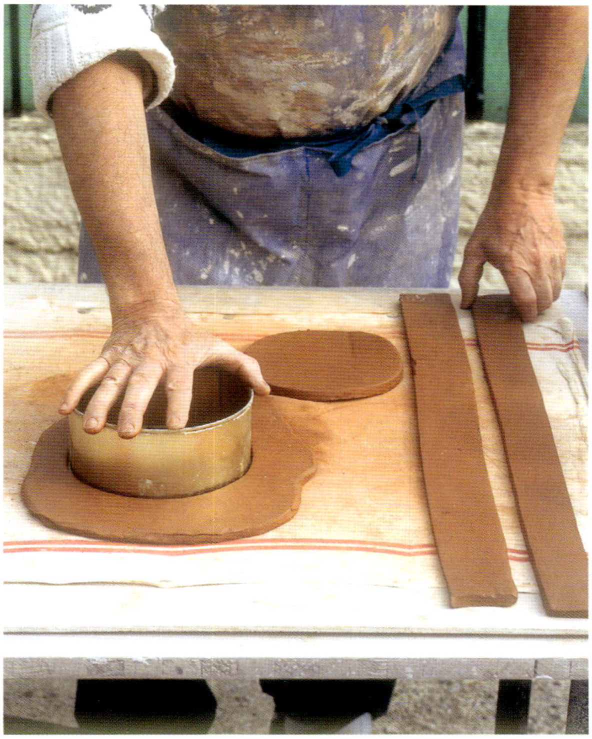

Découpez, à l'aide d'un emporte-pièce, le fond du pot.

Pose des premières bandes

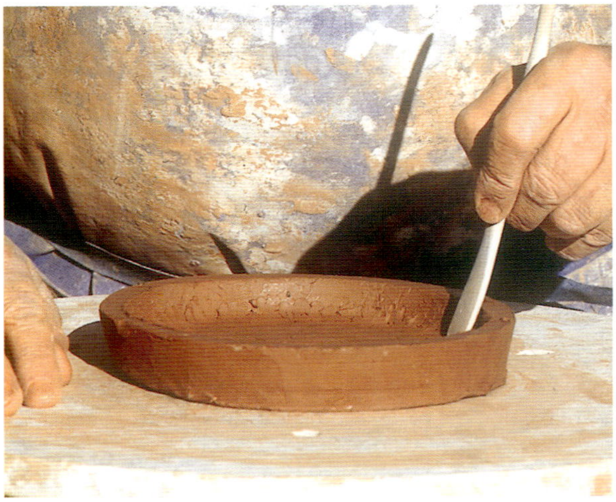

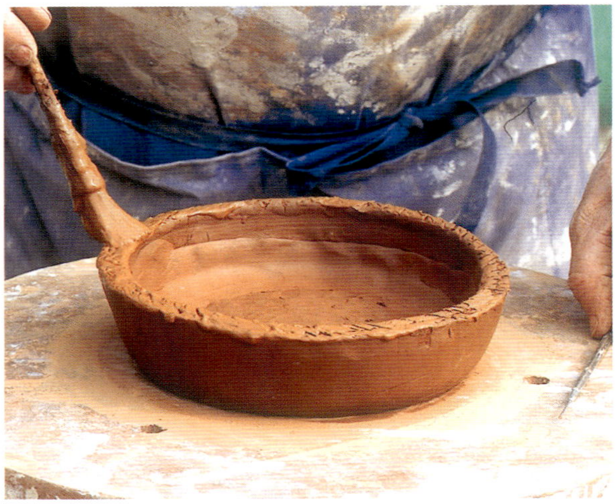

Posez et collez vos premières bandes d'argile. Lutez avec le fond l'intérieur de la première bande. Griffez et passez de la barbotine pour souder votre seconde bande.

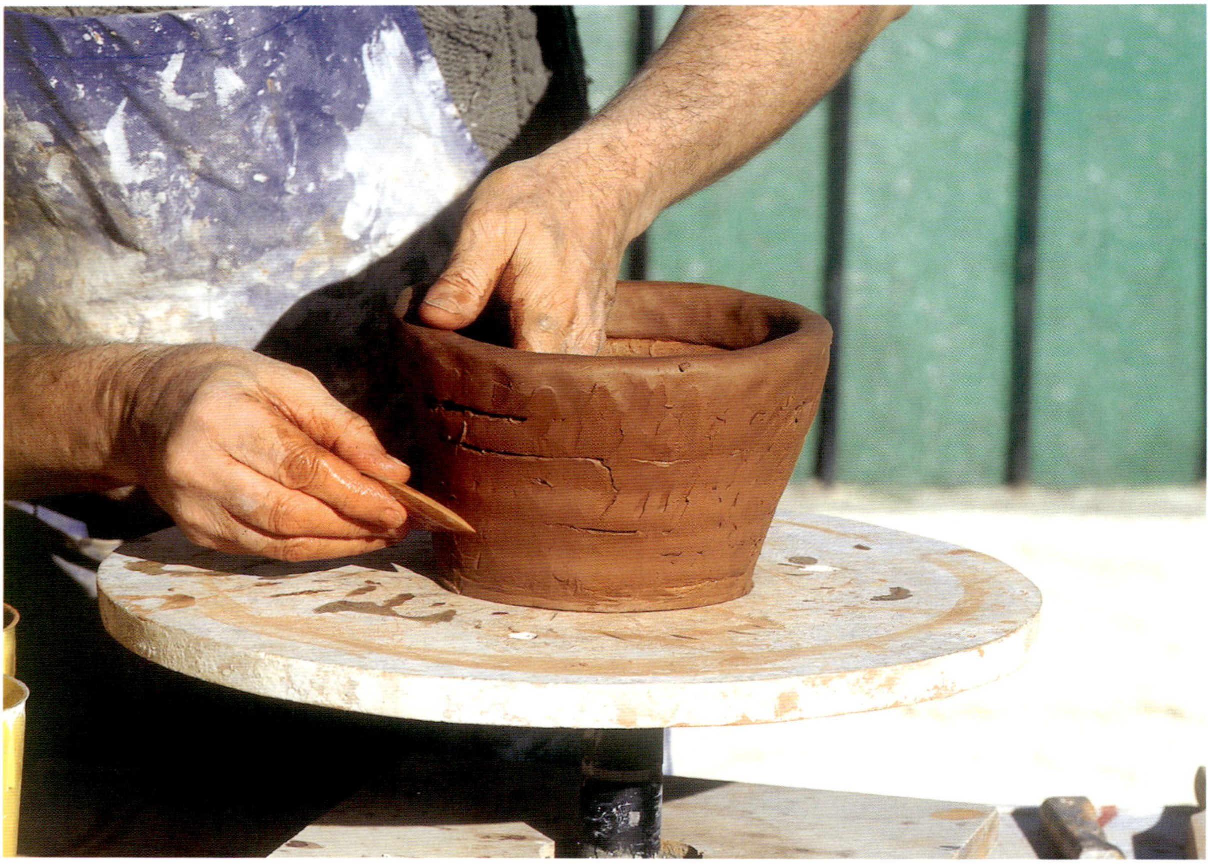

Au fur et à mesure de la pose de vos bandes tapotez avec votre batte et lutez avec votre ébauchoir.

Finitions à l'estèque et à l'éponge

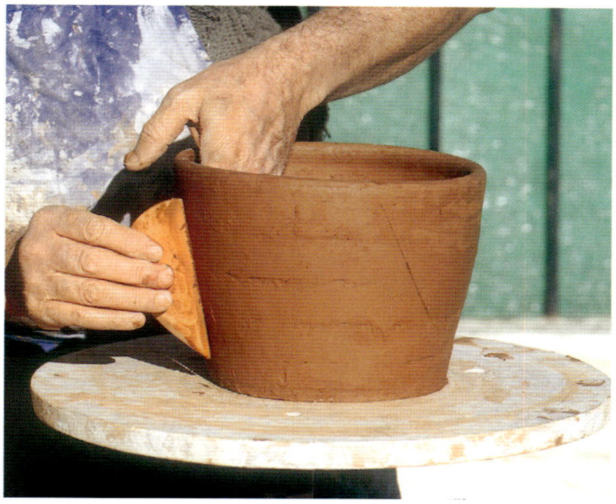

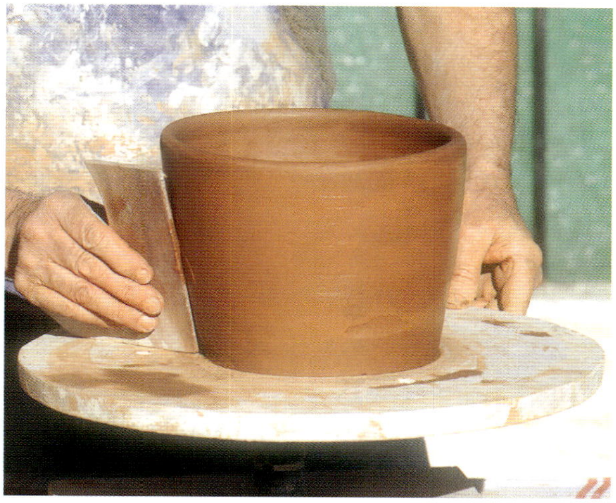

Lorsque toutes les bandes d'argile sont posées et que votre pot arrive à la hauteur voulue, égalisez la surface des parois à l'aide de vos estèques à bords plats.

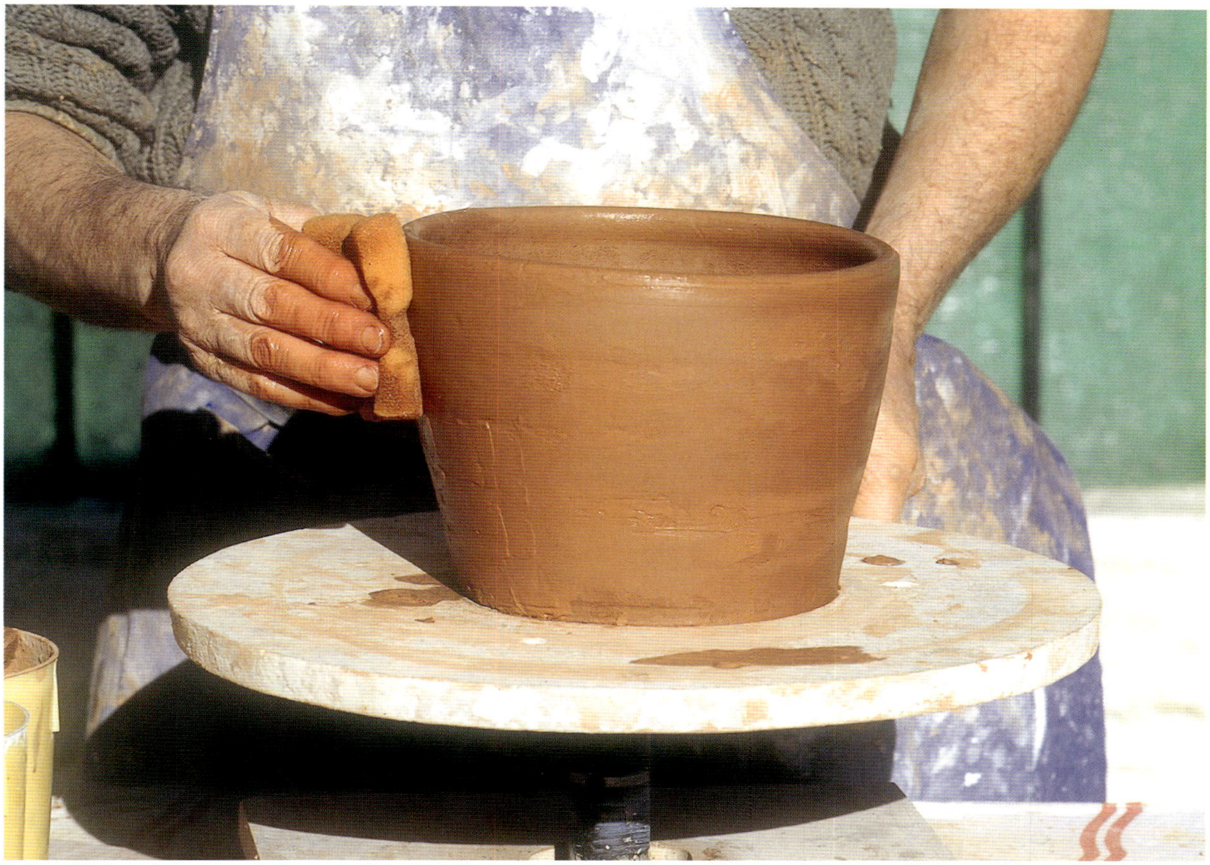

Lissez à l'éponge humide.

Découpe et pose du décor

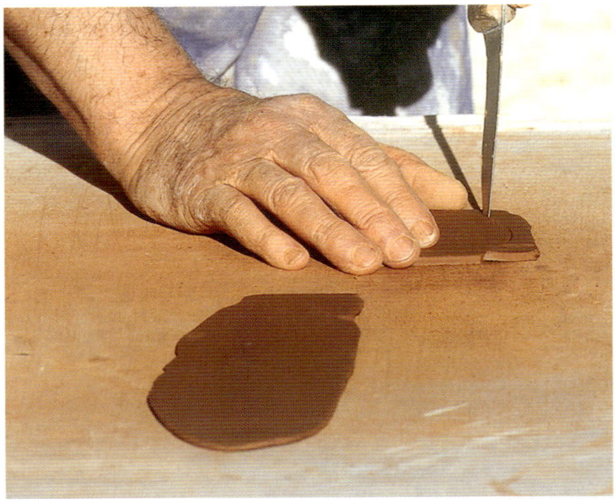

Confection des motifs de décoration.

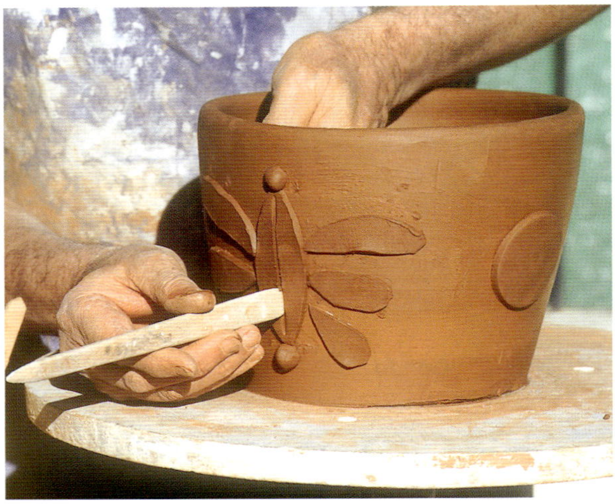

Collage du décor sur une face du pot.
Eventuellement posez des anses sur les cotés.

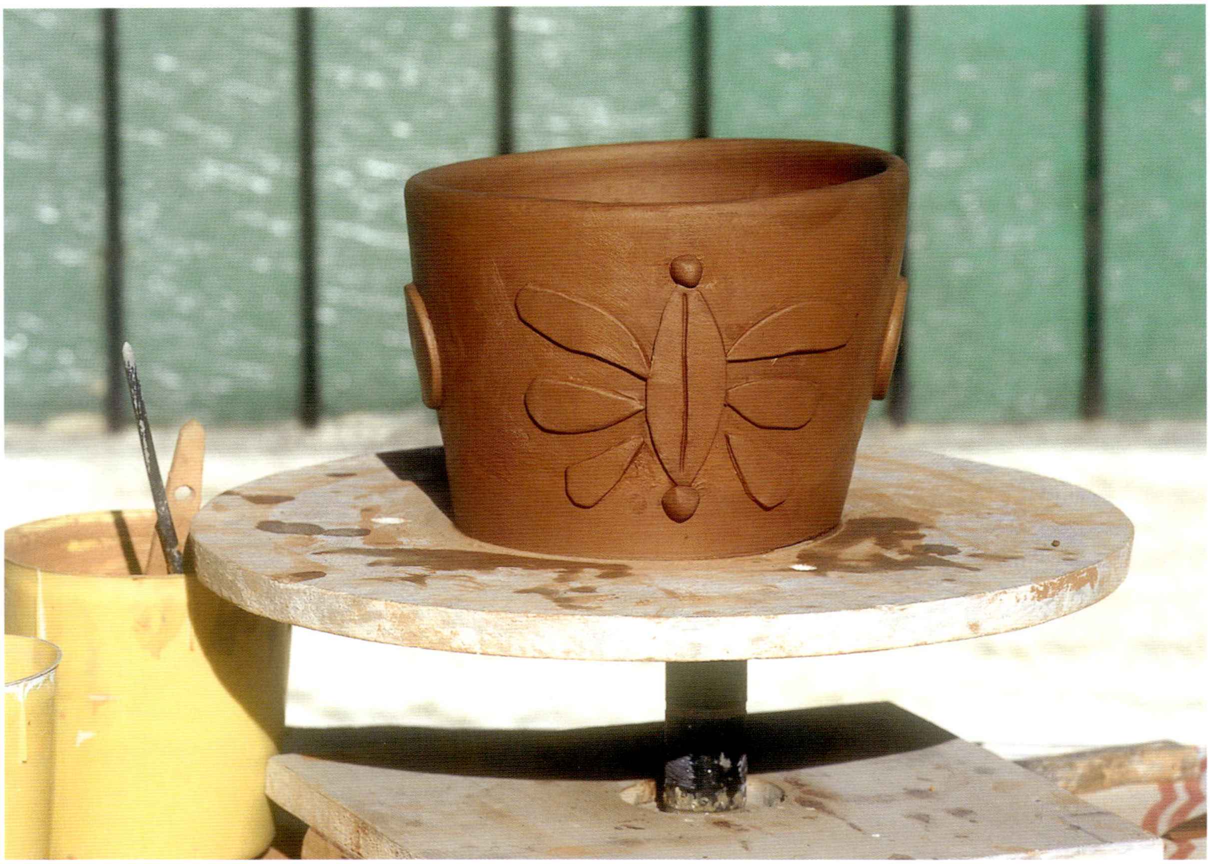

Lissez à l'éponge, votre pot terminé.

Schéma du façonnage à la plaque

Choisissez les réglettes appropriées à l'épaisseur des parois de votre boîte C.
Je vous conseille de donner au départ une épaisseur entre 1 et 1.5 centimètres.
Prenez votre planche de travail B et à l'aide du rouleau A réalisez des galettes d'argile.
(Figure 2 vue en coupe).
Vous pouvez étaler en galette tout votre pâton d'argile.
(Figure 1) ou le sectionner en plusieurs parts pour faciliter la confection de ces galettes.
La quantité de galettes dépend du nombre de pièces à découper.
(Figure 3).
Pour la réalisation de cette boîte il nous faut 5 éléments : D-E-F et E'-F'.

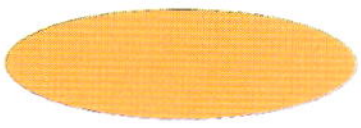

Figure 1

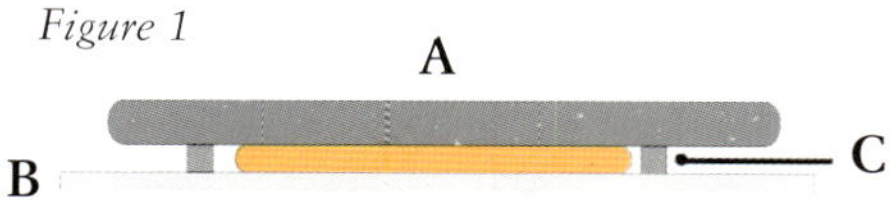

Figure 2

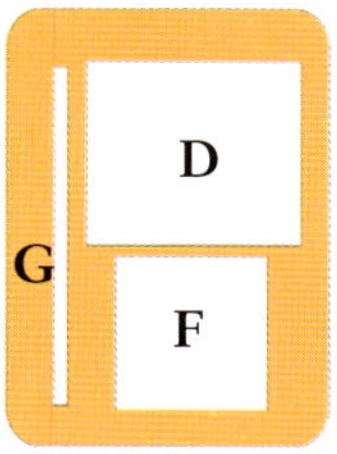

Figure 3

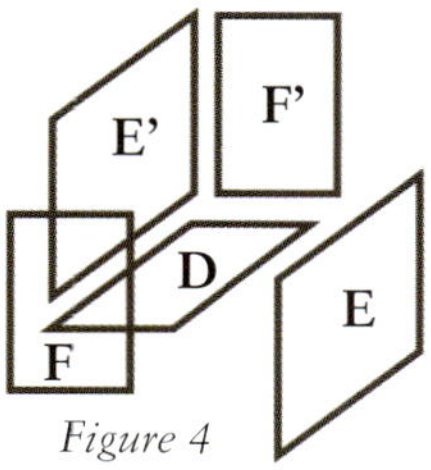

Figure 4

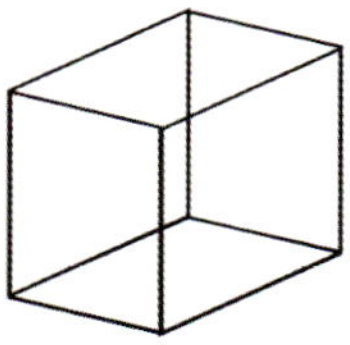

Figure 5

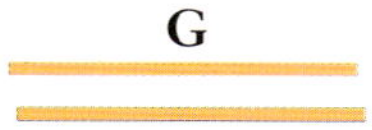

Figure 6

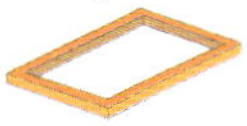

Figure 7

Schéma vue en coupe et en transparence.

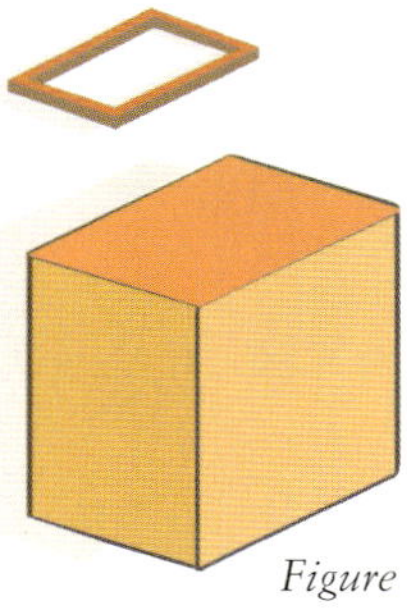

Figure 8

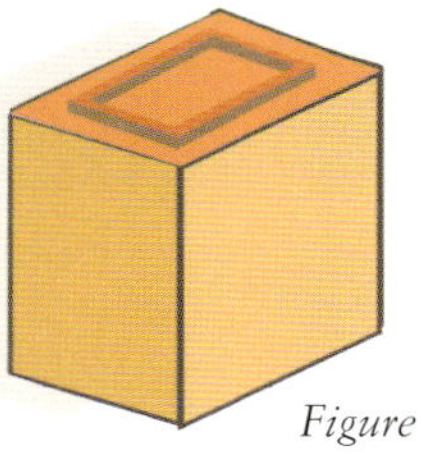

Figure 9

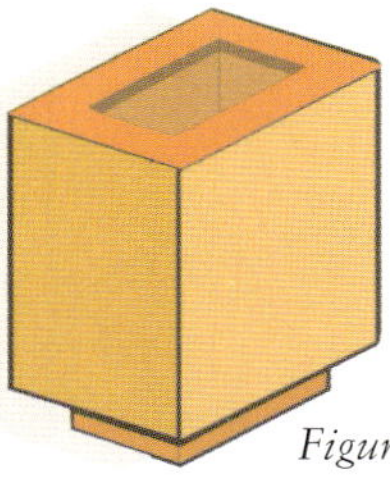

Figure 10

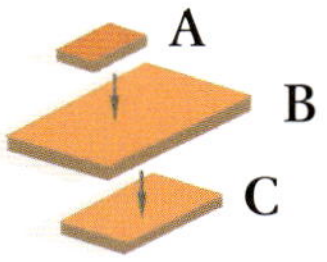

Figure 11

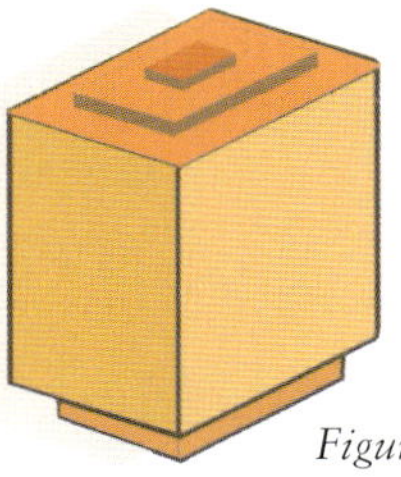

Figure 12

Schéma vue en volume.

Après avoir découpé tous les éléments constituant votre pièce. (Figure 4) assemblez-les par collage à la barbotine sans oublier de luter vos assemblages.
(Figure 5. Vue en transparence).

Socle
Confectionnez le socle en découpant de petites baguettes d'argile au carré. (Figure 6 élément G).
Assemblez, collez et lutez. (Figure 7).
Sur la face D représentant le dessous de votre pièce collez votre socle. (Figures 8 et 9).
Retournez votre pièce et façonnez un rebord pour définir l'ouverture de votre boîte. (Figure 10).
Confectionnez votre couvercle avec trois petites plaques A, B et C. (Figure 11) que vous réunirez par collage.
Donnez à l'élément C une dimension inférieure à l'ouverture que vous avez pratiquée (Figure 10).
Il positionnera le couvercle de la boîte dans cette ouverture. L'élément A servira de prise pour soulever le couvercle (Figure 11). Positionnez votre couvercle sur l'ouverture pour vérification.
(Figure 12). Votre boîte est terminée.

Modelage à la plaque d'une boîte et de son couvercle

Lorsque vous avez découpé les éléments pour former votre boîte je vous conseille de les étaler sur des planches et de les recouvrir d'un linge humide pour les conserver souples et faciles d'emploi.

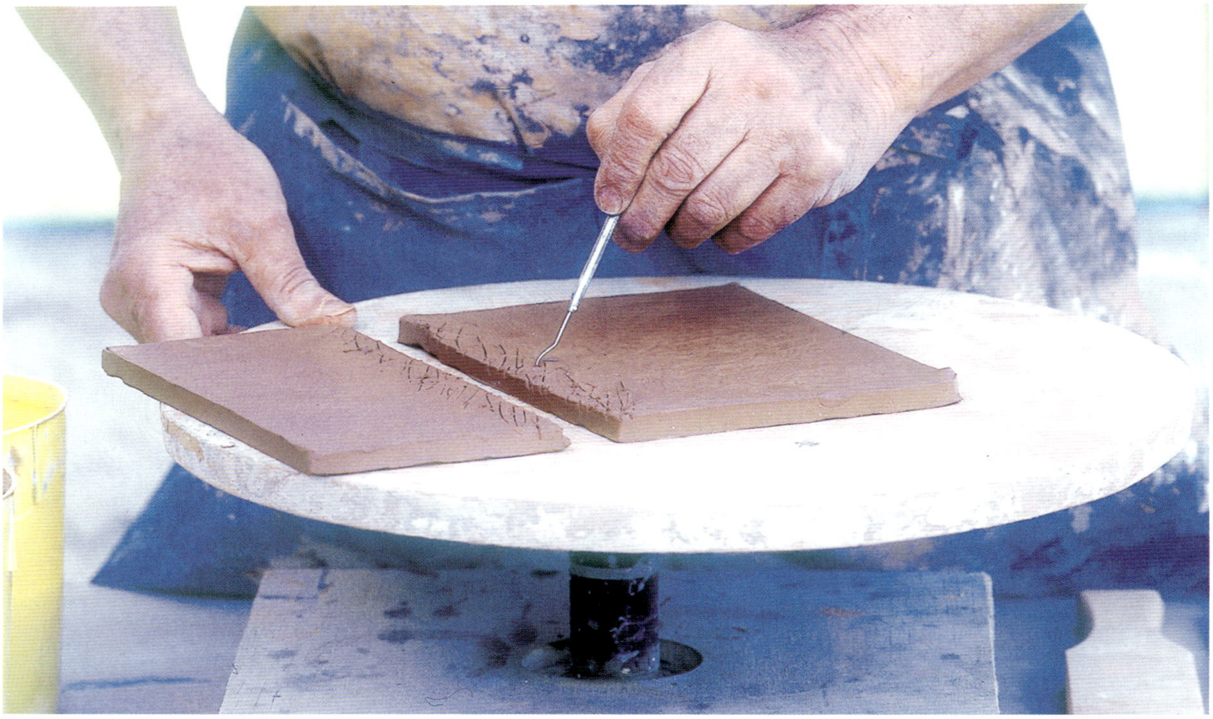

1. *Après la découpe de vos éléments, côtés et fond dans des plaques d'argile attendez qu'ils se raffermissent un peu, vous les assemblerez plus facilement. Griffez les parties à souder, passez de la barbotine*

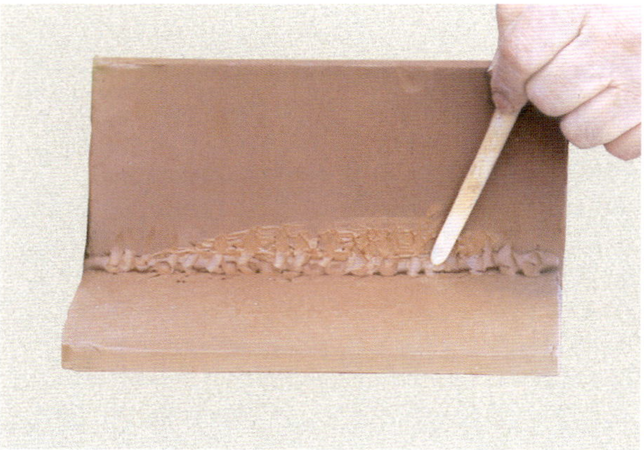

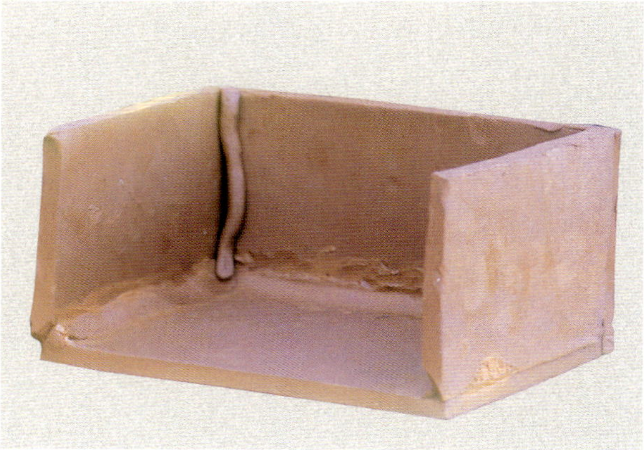

2. *Assemblez les côtés de la boîte. Lutez avec des boudins d'argile.*

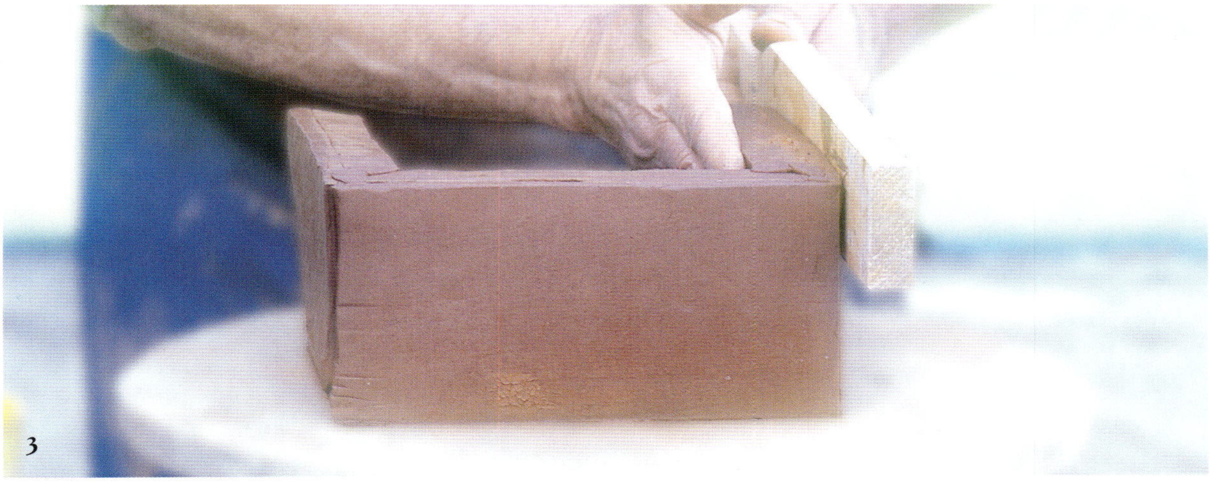

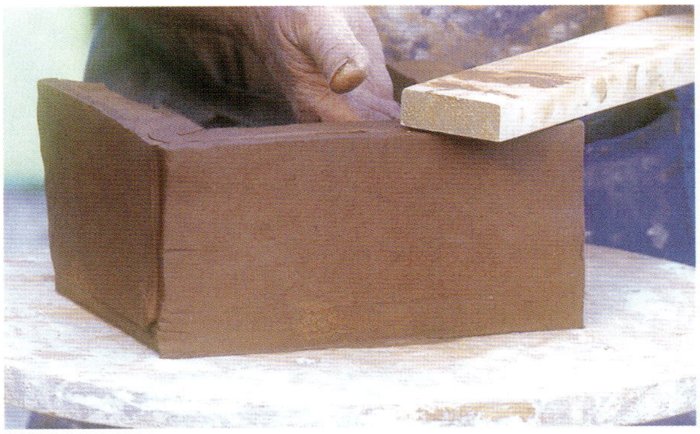

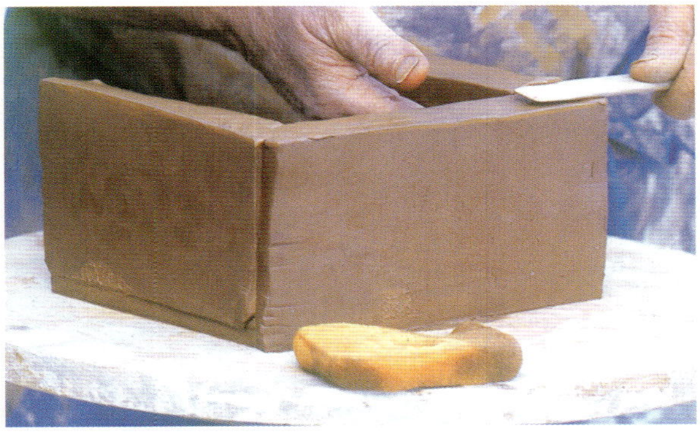

4. *Une fois vos éléments soudés façonnez le rebord de la boîte. Pour cela découpez des bandes correspondantes aux longueurs des côtés de votre boîte. Collez et lutez.*

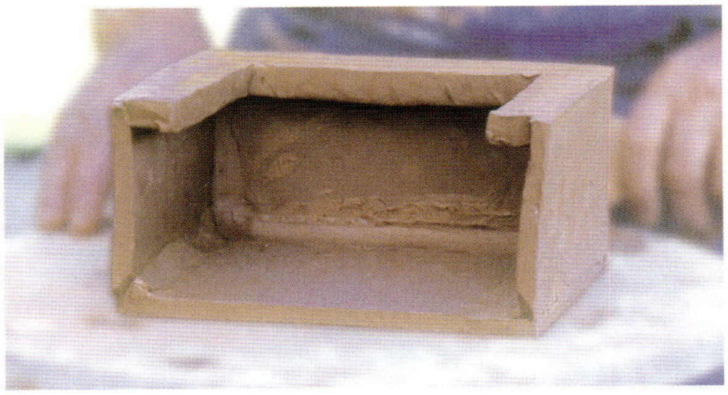

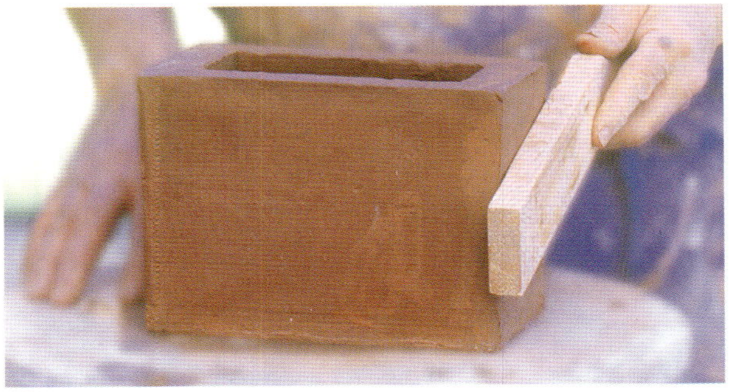

5. *La présentation de la boîte avec le rebord ne vous est montrée que sur trois cotés. Il est bien évident que ce rebord ne sera façonné qu'après la pose de tous les côtés de la boîte.*

6. *Egalisez les faces avec votre batte lissez à l'éponge votre boîte terminée.*

Modelage du socle et du couvercle de la boîte

Dans une plaque d'argile de même épaisseur que les parois de la boîte, découpez les éléments qui serviront à confectionner les couvercles et le socle.

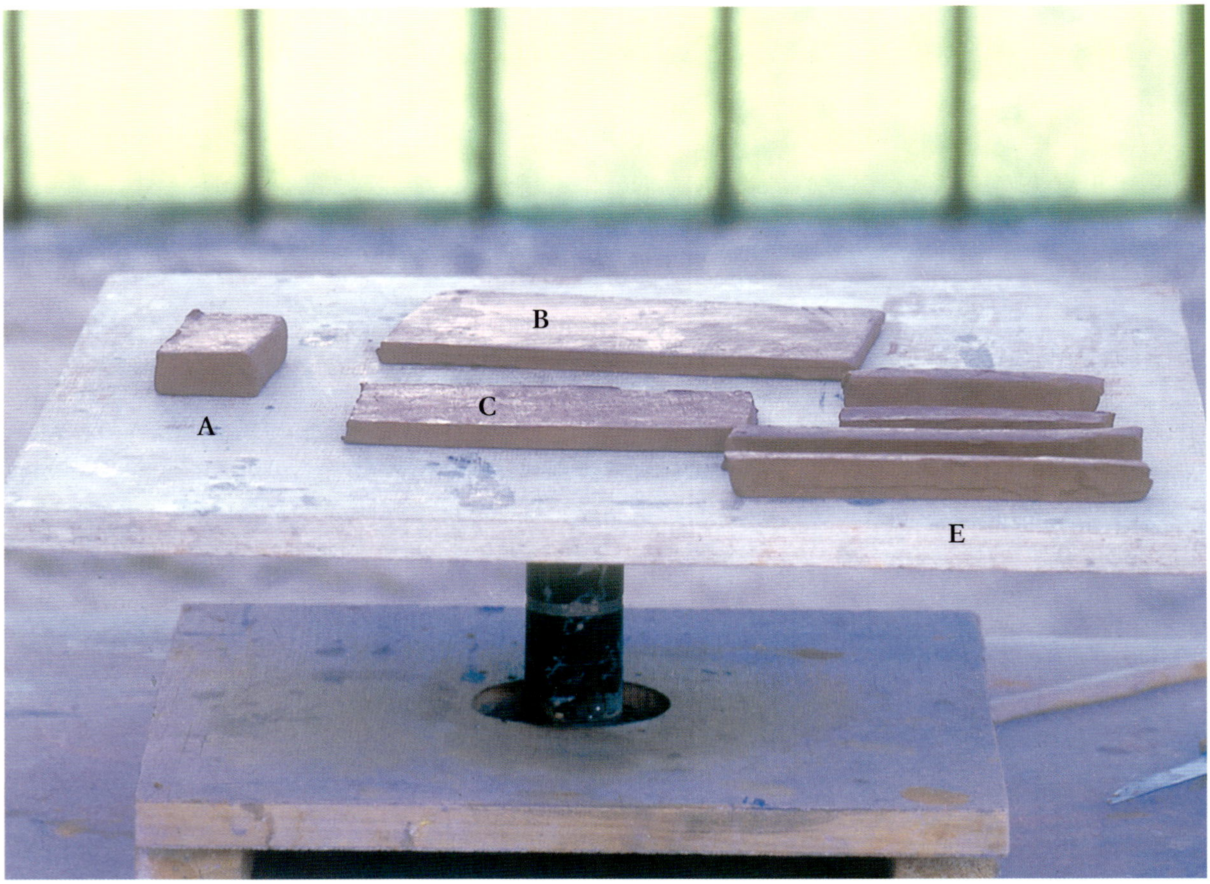

6. *Découpez des plaques A, B, C et des bandes E pour confectionner le couvercle et le socle.*

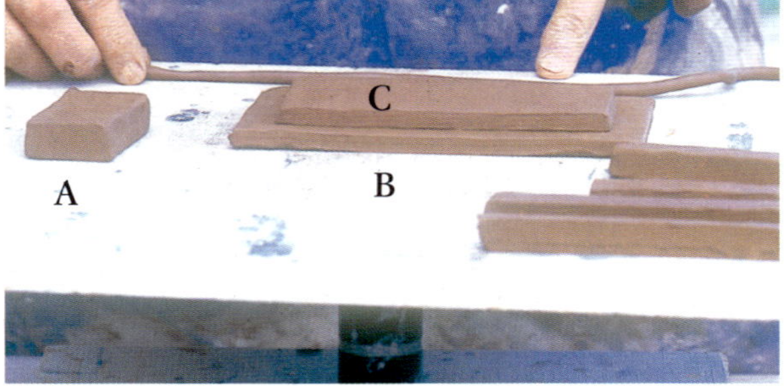

7. *Assemblez, en collant et en lutant, la plaque qui positionnera le couvercle. Assemblez en collant C sur B. Lutez votre assemblage. C positionnera le couvercle sur votre boite.*

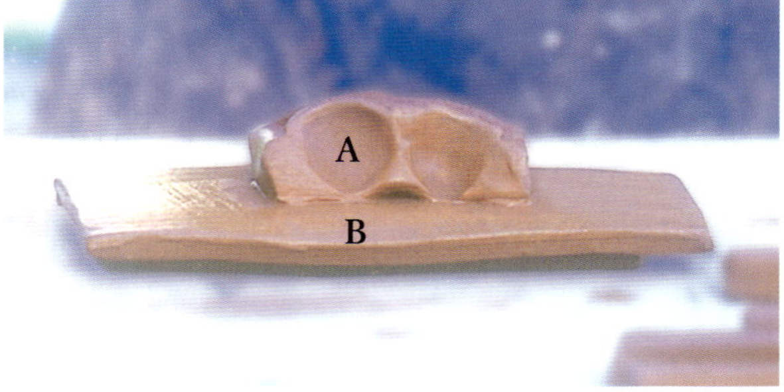

8. *Retournez votre pièce, collez et lutez l'élément qui servira de prise pour soulever le couvercle A sur B. Puis donnez-lui une forme à votre idée.*

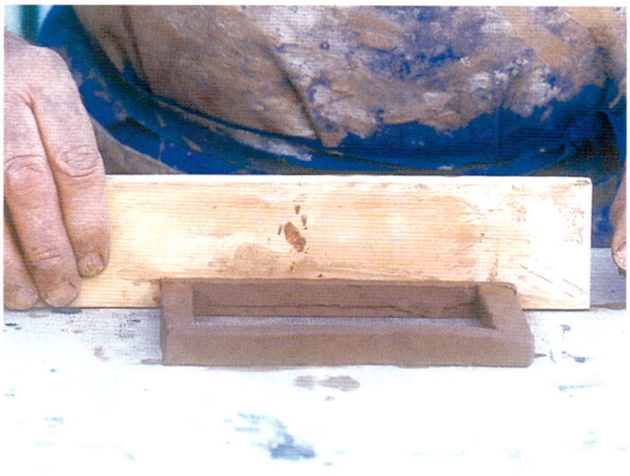

9. *Assemblez et collez les quatre bandes E pour réaliser le socle.*

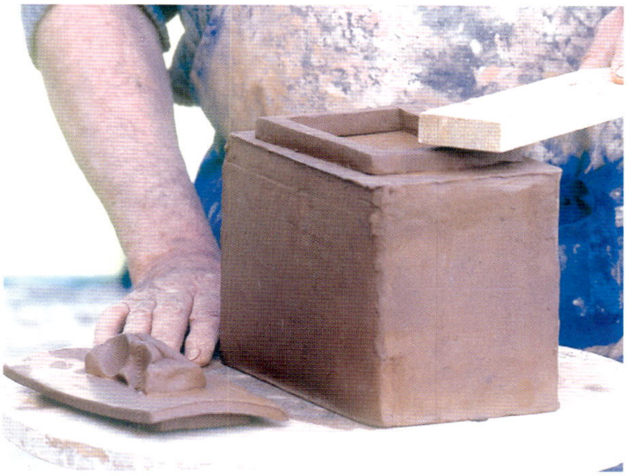

10. *Collez et lutez celui-ci sur le dessous de la boîte.*

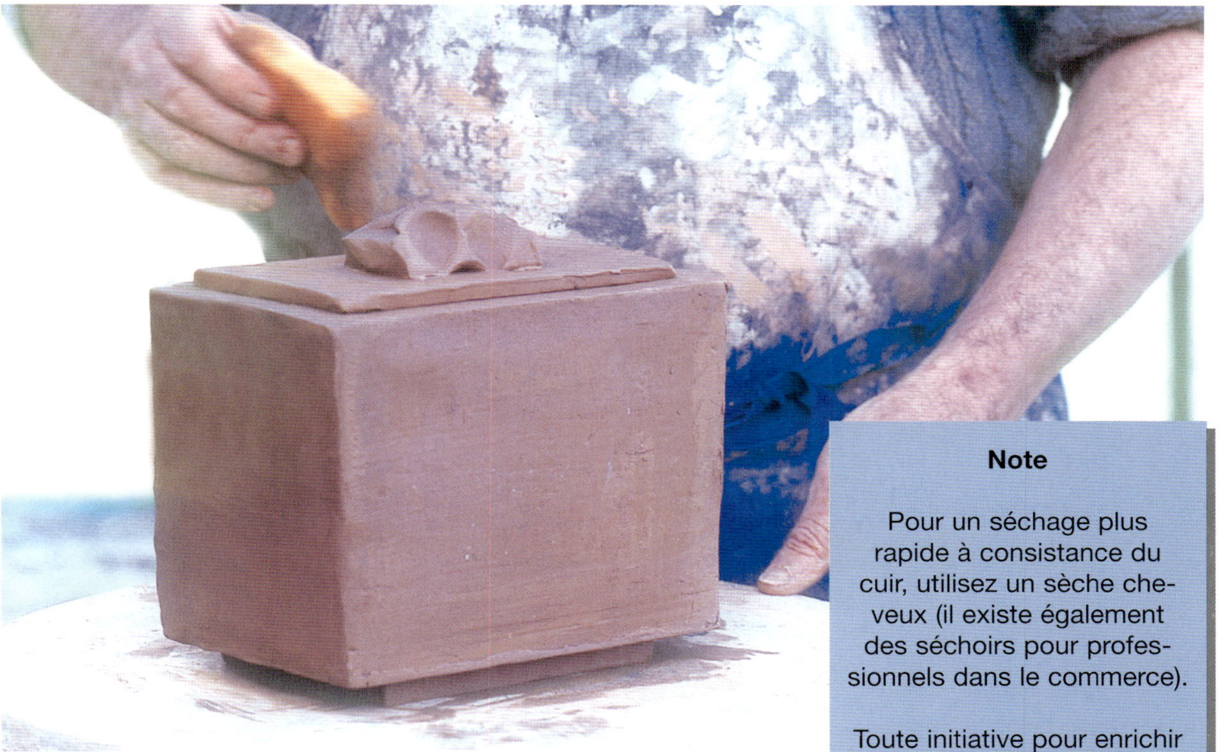

11. *Retournez votre boîte, positionnez le couvercle sur votre boîte terminée. Vous pouvez décorer votre boîte en lui ajoutant des motifs en relief ou des impressions en creux.*
Voir exemples p. 47.

Note

Pour un séchage plus rapide à consistance du cuir, utilisez un sèche cheveux (il existe également des séchoirs pour professionnels dans le commerce).

Toute initiative pour enrichir votre pièce sera le fruit de votre imagination et de vos possibilités.

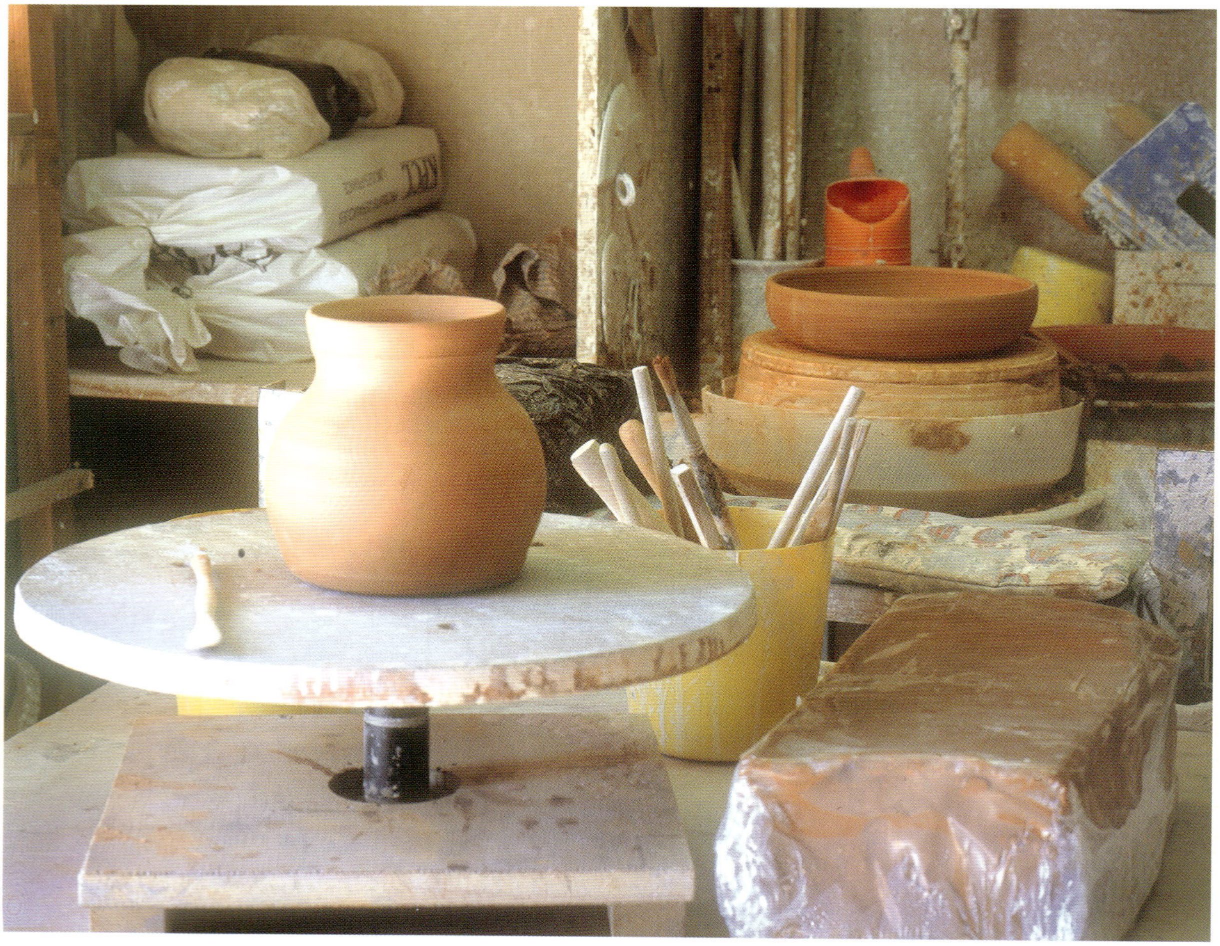

4 Conseils et astuces

pour aller plus loin...

Comment créer des objets avec des formes simples

Nous avons, dans les chapitres précédents, découvert comment réaliser un objet en céramique dans différents modes de travail. Toutefois voici quelques renseignements complémentaires qui, je l'espère, vont faciliter la suite de cette formation.

Sachez que les formes, même les plus baroques obéissent aux lois de la géométrie. C'est pour cela que je vous encourage à dessiner vos modèles avant d'entamer le façonnage d'une pièce.
En vous servant de figures connues ces dessins sont très simples à réaliser.

Débutons par un carré, un rectangle, un cercle, un ovale, un trapèze. Figure 1 – A, B, C, D, E. Même ci votre tracé est hésitant, ils seront reconnaissables.

Figure 1

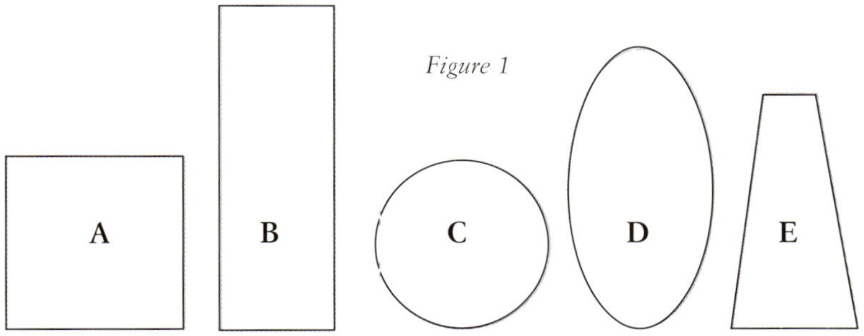

Mettez ces dessins en volume ces figures planes deviennent un cube A, un cylindre B, une sphère C, un ovoïde D, un cône E.

Figure 2

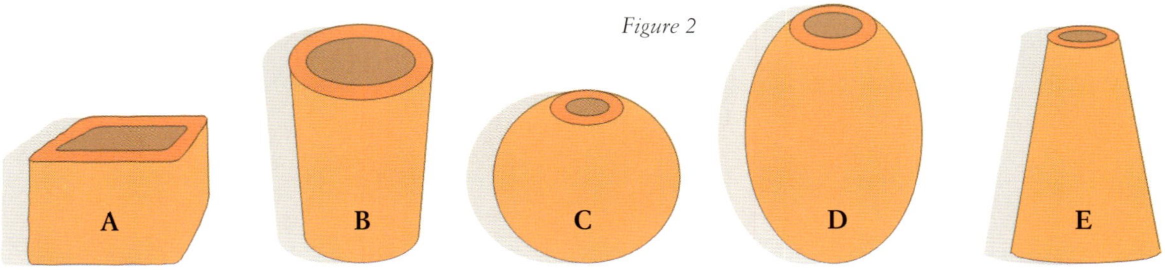

C'est ici que votre imagination entre en jeu en transformant ces volumes en objets utilitaires par ajout d'un accessoire :

En ajoutant une anse vous obtenez une boîte à couverts A à suspendre.
Un couvercle et vous avez une boîte à épices B.
Une anse, un bec, un couvercle voici une théière C.
Des anses pour le vase à fleurs D.
A l'aide d'un montage électrique et d'un abat-jour, confectionnez une lampe d'appoint E.

Pour les couvercles prévoyez une collerette d'emboîtement de dimensions inférieures au diamètre de l'ouverture de l'objet.

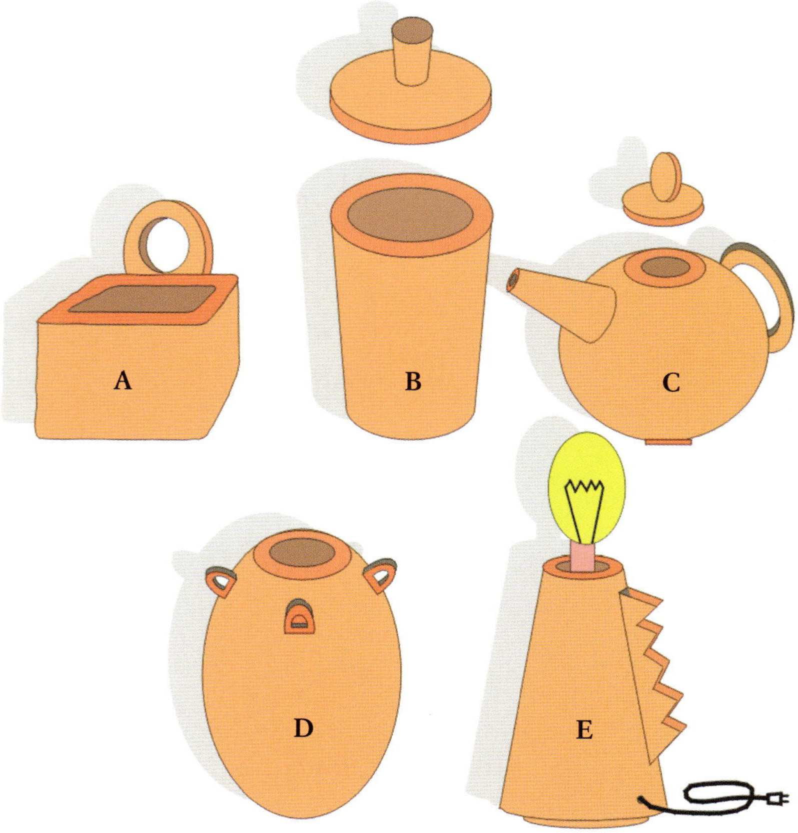

Vue en volume.

Du vase à la cruche...
Dessinez 3 rectangles A, B, C et un cercle D.
Vous réunissez le tout et vous avez un vase. Celui-ci après quelques modifications devient une cruche en lui ajoutant un bec et une anse.

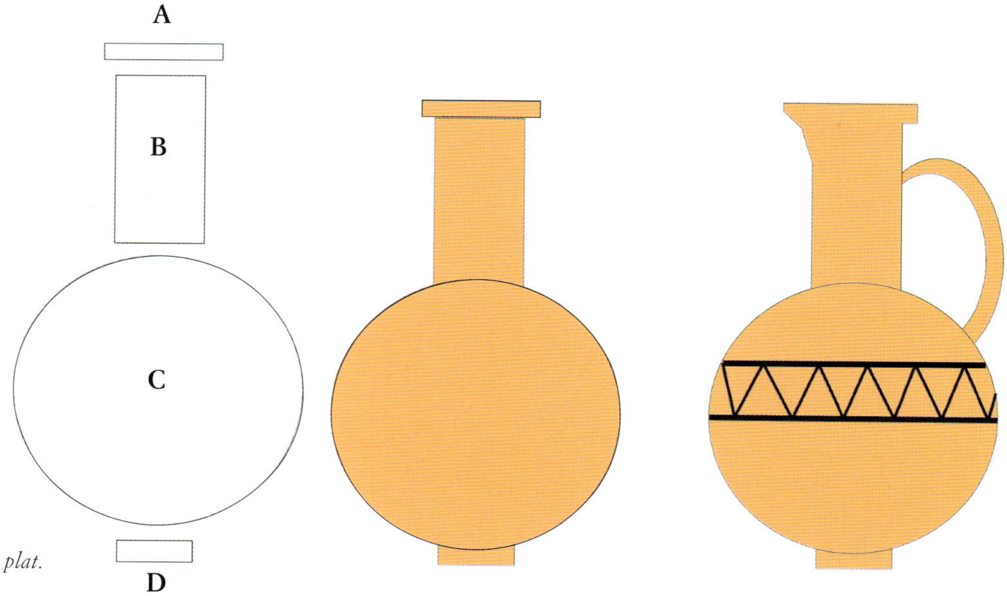

Vue en à plat.

Suivant les dimensions et la forme de vos créations, adoptez la méthode de modelage la plus adéquate pour réaliser votre pièce.

La technique de l'évidement

Cette méthode de travail s'utilise principalement pour des sculptures. Il est préférable d'éviter cette solution pour la fabrication d'un objet, car elle génère une importante quantité de déchets.
Les procédés cités en exemples dans cet ouvrage sont de loin les plus pratiques et les plus économiques.
Si vous désirez adopter cette technique il suffit de malaxer un bloc d'argile en lui donnant une forme compacte. Exemple ci-contre, un parallélépipède rectangle qui sera évidé à l'aide d'une mirette pour la confection d'une boîte.

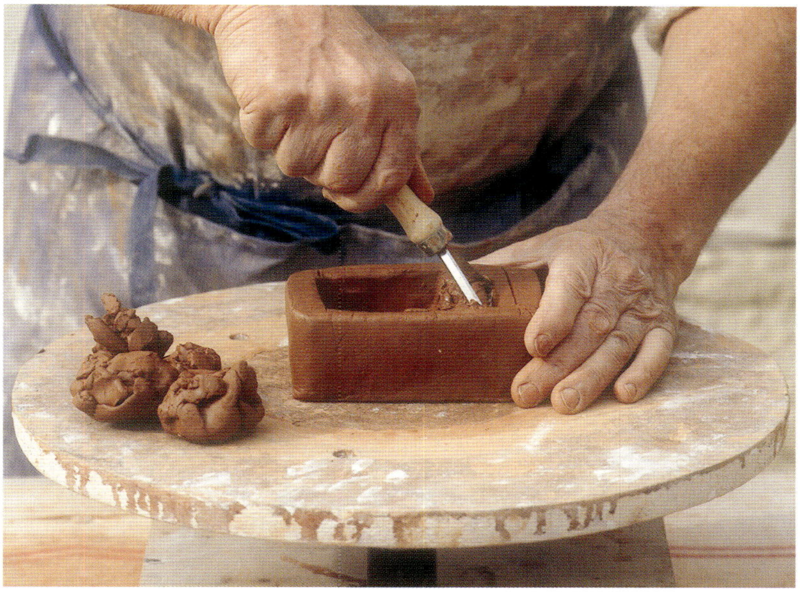

Parallélépipède en cours d'évidage.

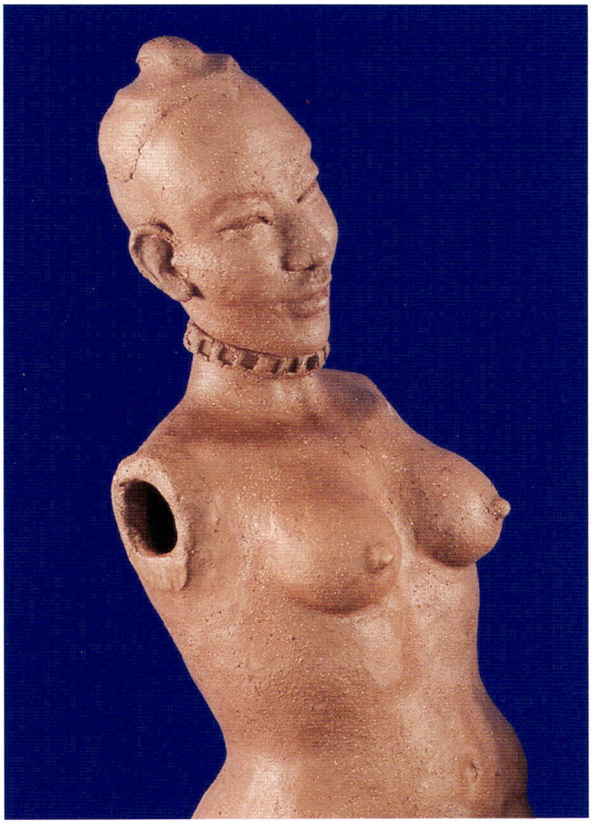

Cependant pour la réalisation d'une sculpture il est parfois, suivant sa taille, indispensable de l'évider pour empêcher qu'elle ne se fende ou qu'elle n'éclate durant la cuisson du dégourdi.

Buste de femme évidé.

Les roulettes à empreintes

Page 25 je vous parlais des roulettes à empreintes.
Voici quelques explications et dessins pour leur fabrication.
Découpez, dans des rouleaux en bois de 4 à 6 centimètres de diamètre, des rondelles de 5 à 8 cm de large. Vous gravez sur leur tranche des motifs de votre choix.
Ces gravures peuvent se faire à l'aide d'une petite mèche à bois, d'une scie, d'une râpe, d'un ciseau à bois ou d'un fer à souder.
En collant des éléments comme des petites rondelles, des petites baguettes, etc… vous obtenez des motifs qui serviront à décorer la surface de vos créations.
Faites un tour dans un magasin de bricolage vous trouverez certainement beaucoup de petits « trucs » pouvant servir à cet usage.

Montage d'une roulette à empreinte

Une fois la gravure de la roulette terminée, percez un trou en son centre et à l'aide d'une tige métallique solide, fabriquez une fourche que vous fixez dans un manche en bois. Votre trou doit avoir un diamètre légèrement supérieur à votre tige.
Exemple : pour une tige de 3 mm de diamètre, percez un trou de même diamètre. Puis avec une petite râpe ou du papier de verre agrandissez-le pour que votre tige coulisse aisément sans trop de jeu à l'intérieur.
Passez la tige dans la roulette. (Figure 1).
Repliez les parties A et B une première fois en forme de U. (Figure 2).
Puis une seconde fois en forme de deux L afin qu'elles se rejoignent figure C.
Encollez les bouts C que vous enfilerez en force dans un manche en bois préalablement percé, votre roulette est terminée. (Figure 3).
Ces roulettes s'avèrent très pratiques et faciles d'emploi.
Figure 4 : exemples de motifs pour roulettes à empreintes.
Figure 5 : une roulette à estampage, elle se fabrique à l'identique des roulettes à empreintes.

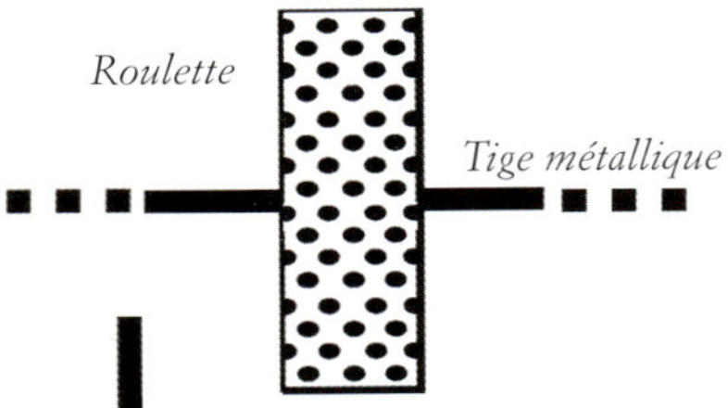

Figure 1

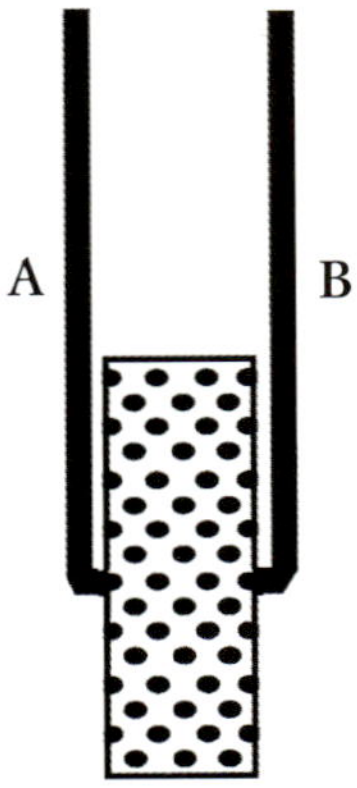

Figure 2

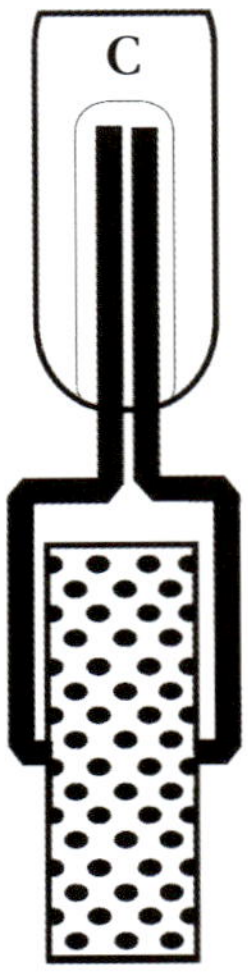

Figure 3

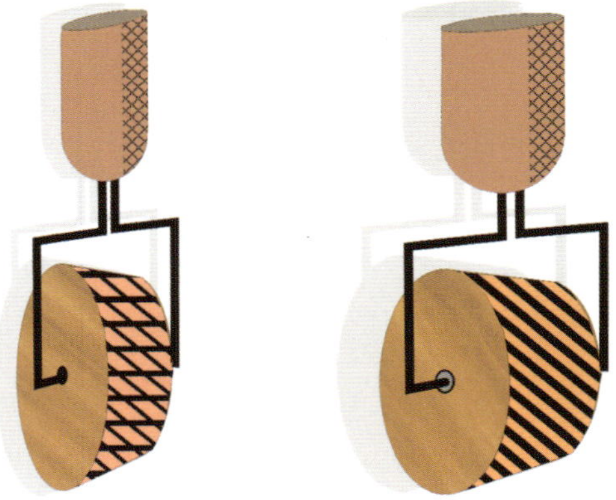

Figure 4

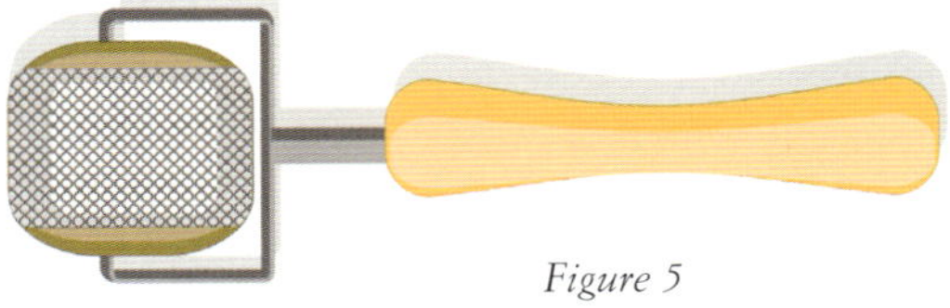

Figure 5

Impression de motifs

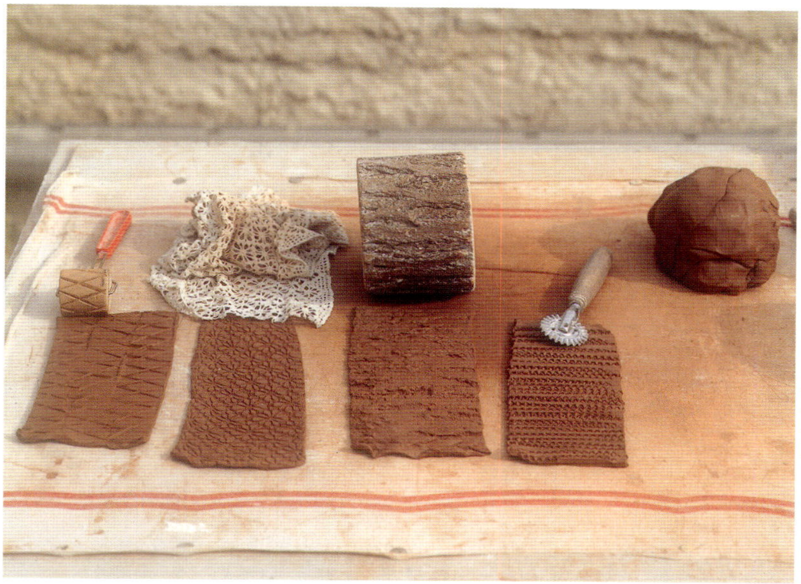

Photo de gauche
Exemples réalisés à l'aide :
- d'une roulette à empreintes,
- d'un tissu de dentelle,
- d'une écorce d'arbre,
- d'une roulette à ravioli.

Tous les objets présentant un relief servent pour imprimer des motifs décoratifs que vous pouvez coller sur vos créations (coquillages, feuilles, etc...)

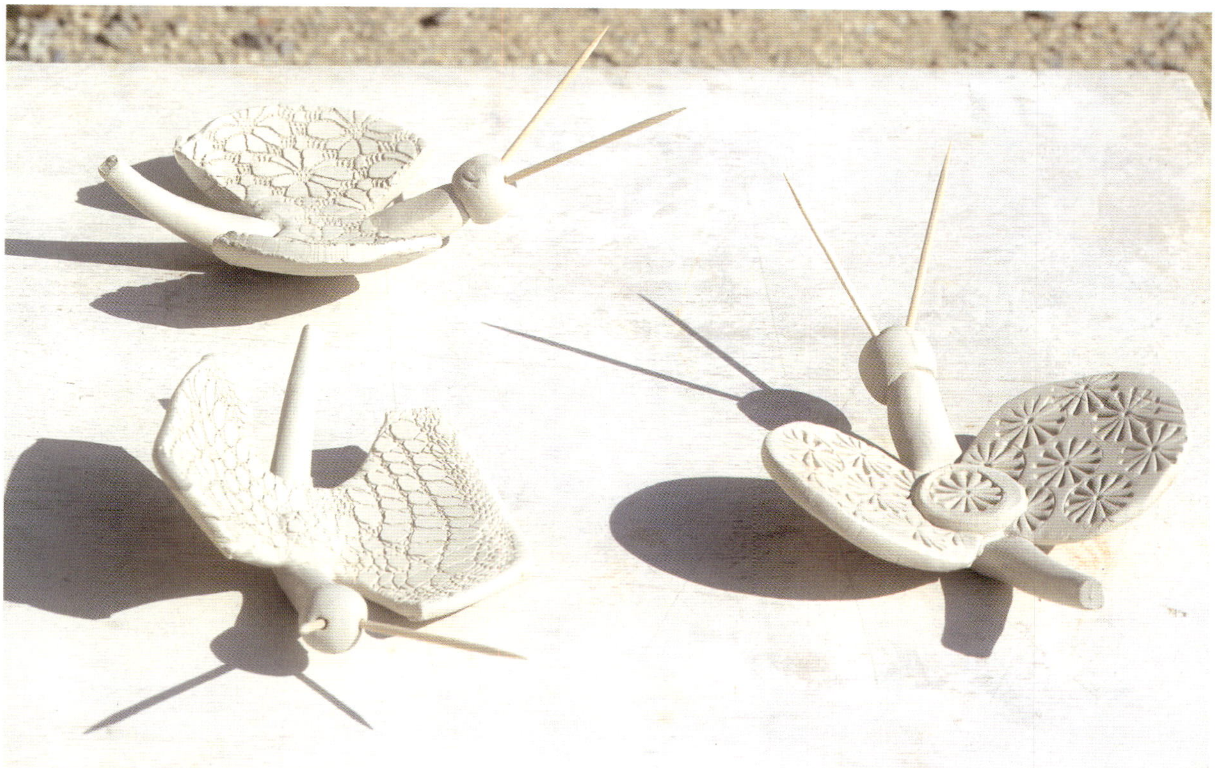

Impressions sur des ailes de papillon. Petites fleurs modelées en argile blanche.

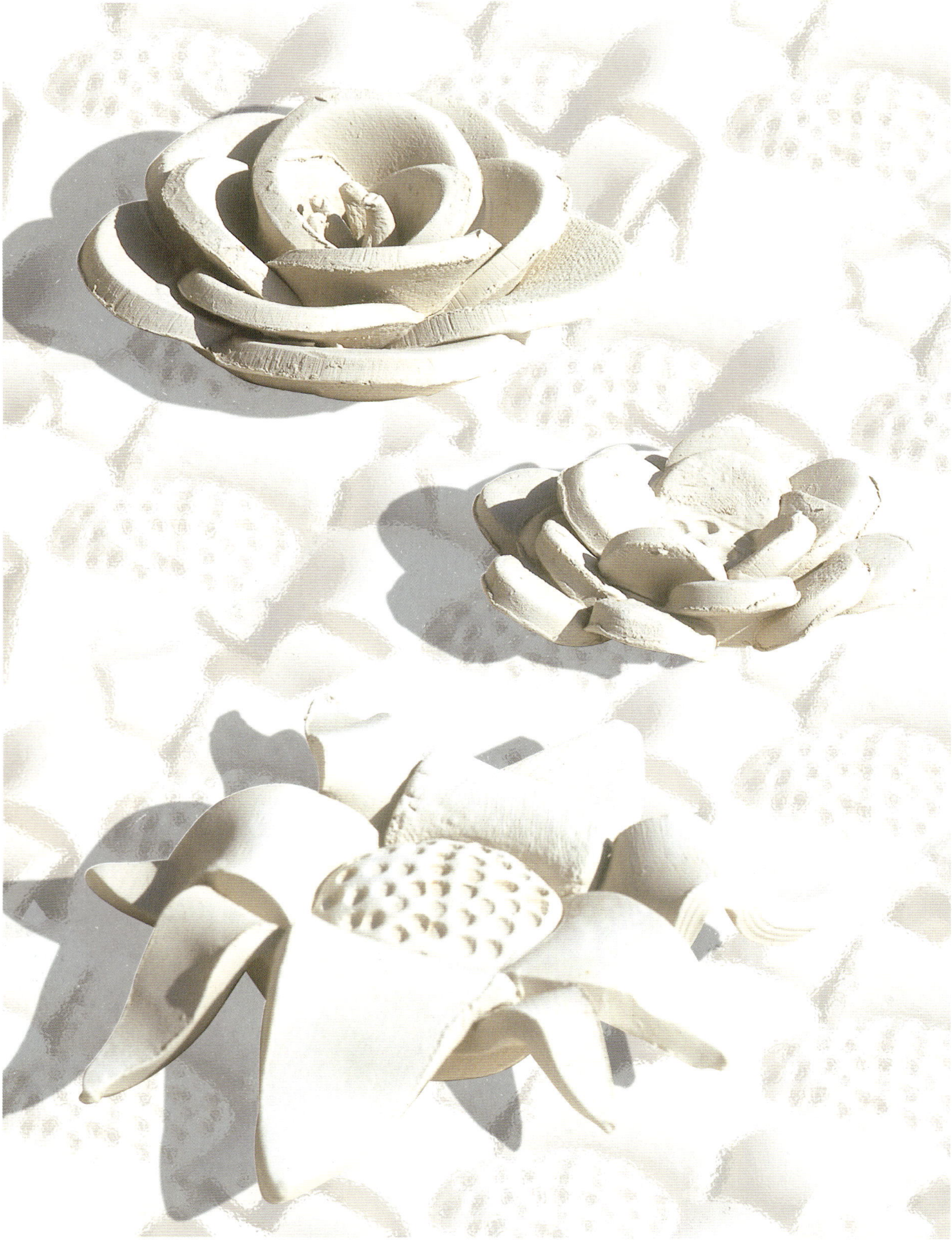

5 *Le monde végétal*

Le monde végétal est une source d'inspiration, c'est un domaine de référence pour améliorer vos créations. Aussi bien pour les enfants que pour les adultes, il offre un large éventail de formes, de couleurs et de modèles qui, seuls ou assemblés, donnent des compositions originales.

Les fleurs, les feuilles, les plantes potagères et les animaux sont des modèles facilement accessibles à tous. De part leur structure organisée et la richesse de leurs coloris vous avez là un assortiment mis à votre disposition pour vous transformer en artiste sans grande difficulté.

Toutes les techniques de fabrication citées dans les chapitres précédents sont applicables pour réaliser les exemples donnés dans les chapitres suivants.
Commençons par les plus admirées du monde végétal.

Très important
Si vous modelez un objet en volume, par exemple une sphère, un œuf, creux et hermétique, n'oubliez pas de pratiquer un trou pour éviter que celui-ci n'éclate à la cuisson du dégourdi.

Lorsque vous devez découper des éléments d'un modèle dans une plaque d'argile, pour faciliter votre mise en œuvre, fabriquez-vous, un ou plusieurs patrons dans des feuilles de papier fort ou de carton.

Les fleurs

Les fleurs, par exemple la marguerite ou le tournesol, au cœur rond entouré d'une corolle de pétales bien organisés sont les plus représentatives et facilement reconnaissables, qu'elles soient dessinées ou modelées.

Nous allons débuter par le modelage d'un tournesol en à plat.
Pour réaliser cette fleur nous adoptons la technique du modelage à la plaque.

Modelage du tournesol

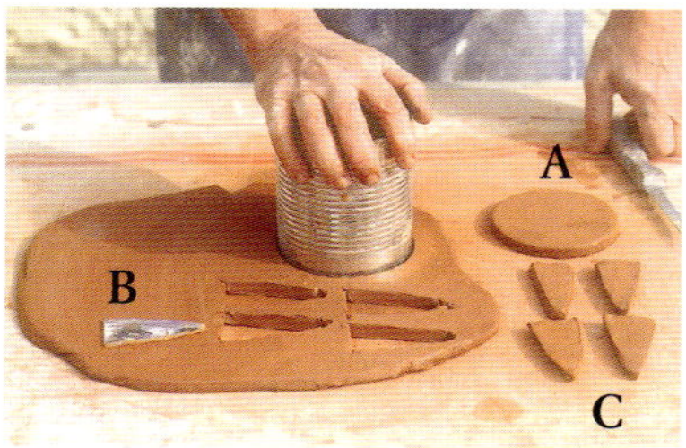

1. *Préparez une plaque d'argile.*
Découpez le cœur à l'aide d'un emporte-pièce A.
Puis découpez les pétales C avec un patron confectionné dans du carton fort B.

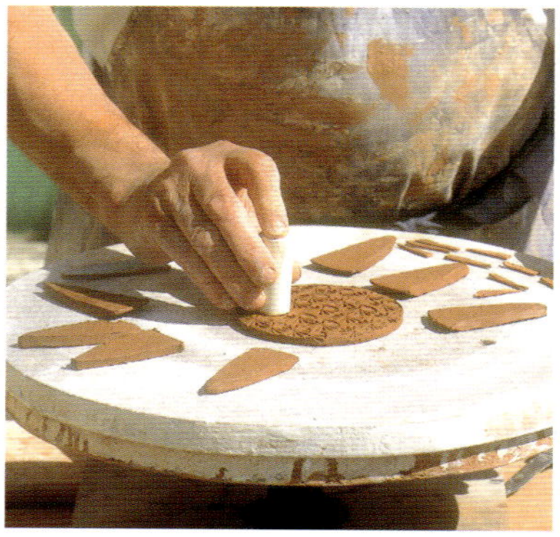

2. *Imprimez des motifs dans le cœur de votre fleur pour imiter les graines du tournesol.*

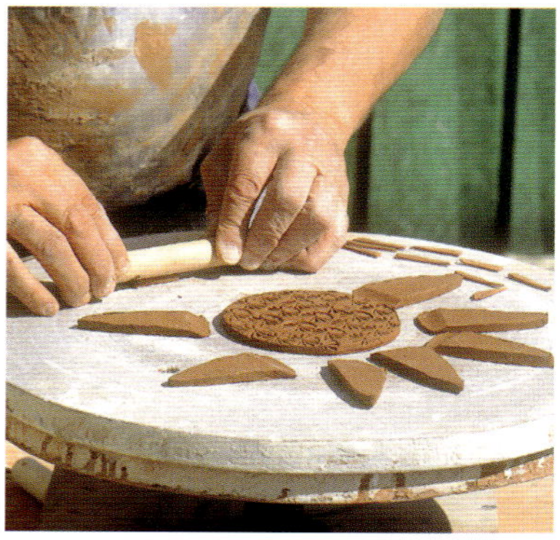

3. *Avec un rondin en bois écrasez l'extrémité la plus large des pétales.*

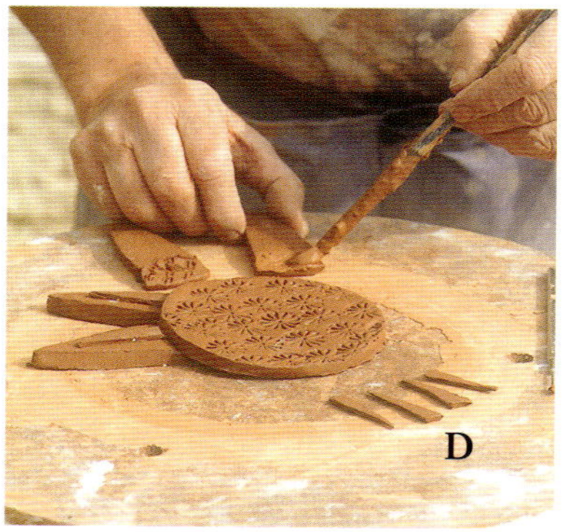

4. *Griffez et passez de la barbotine sur ces parties aplaties.*
Dans des chutes d'argile découpez des petits triangles D qui seront collés sur chaque pétale du tournesol.

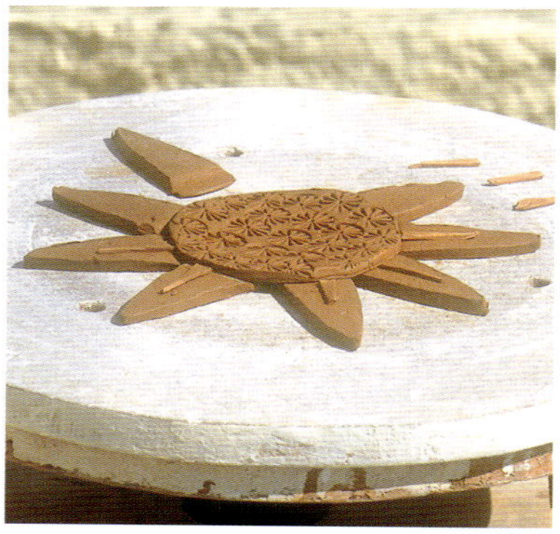

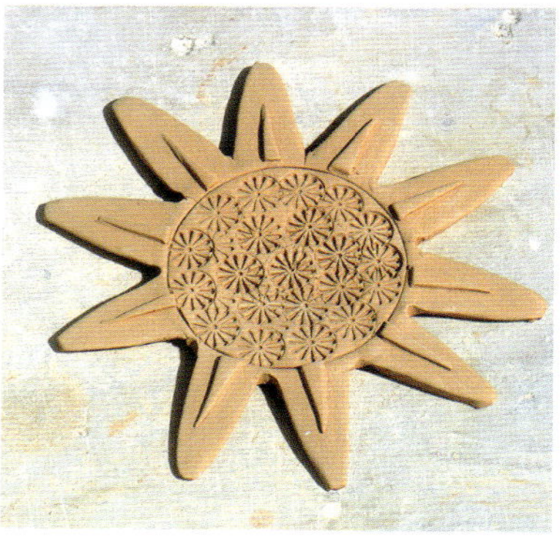

5. *Disposez vos pétales en rond et posez le cœur par dessus en exerçant une légère pression pour souder l'ensemble. Retournez votre fleur et terminez le lissage au dos de celle-ci avec un ébauchoir et une éponge.*

Vous pouvez travailler votre fleur en ronde-bosse

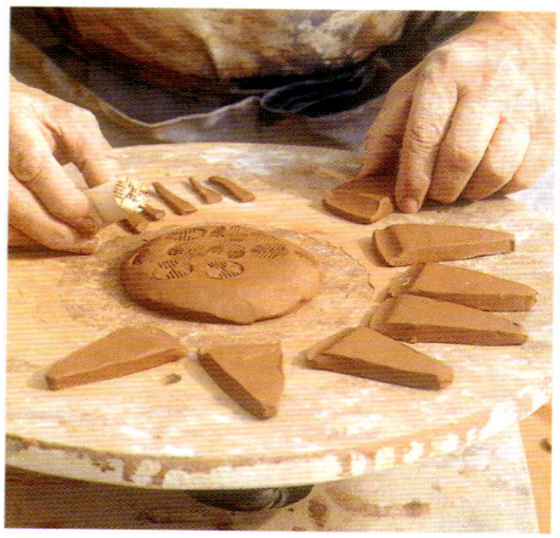

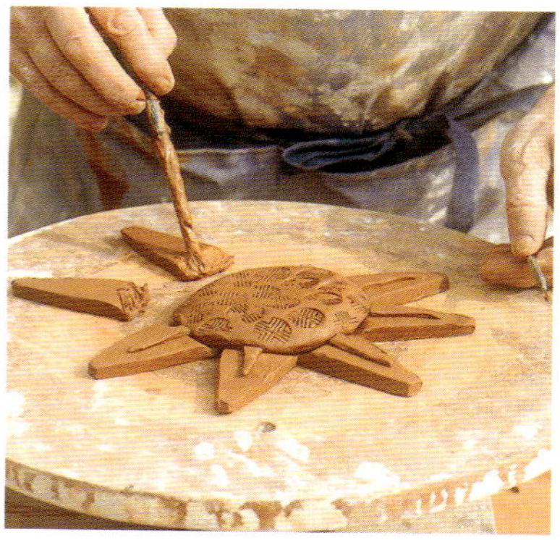

6. *Préparez une demi-boule d'argile aplatie pour le cœur de la fleur.*
Découpez les pétales dans une plaque plus épaisse que pour le tournesol en à plat.

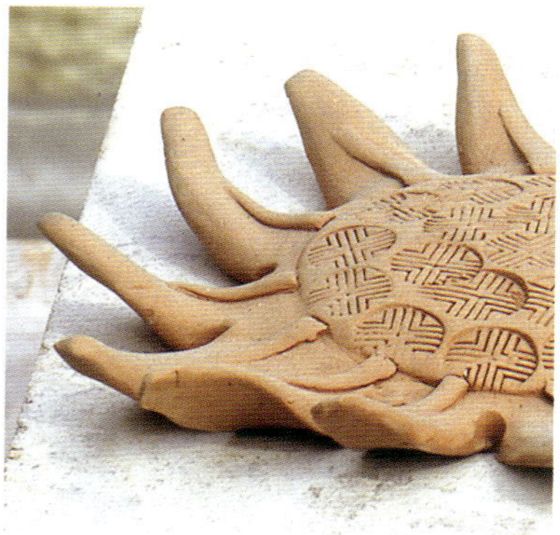

7. *Une fois le collage terminé arrondissez le bord des pétales puis déformez-les pour donner du mouvement à votre fleur.*

Vous pouvez réaliser des fleurs de toutes dimensions qui serviront à décorer des plats, des assiettes, des carreaux, etc… Toutes les fleurs sont réalisables sur le même principe.

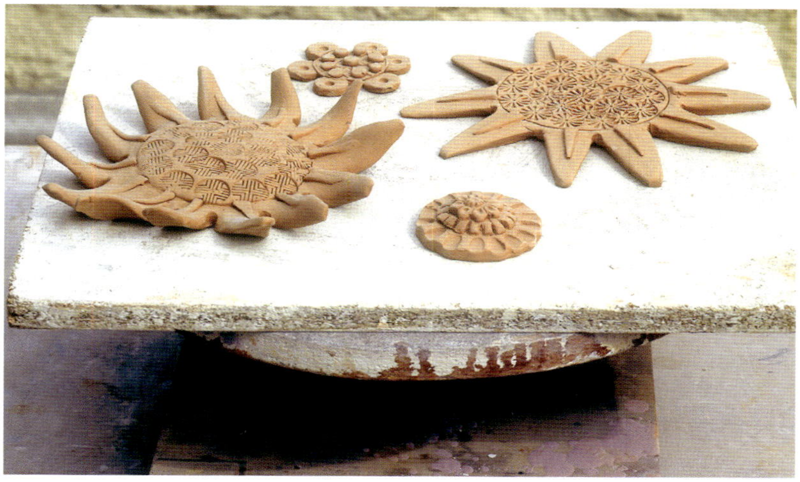

Donnez leur une utilité pour décorer vos objets ou votre intérieur :

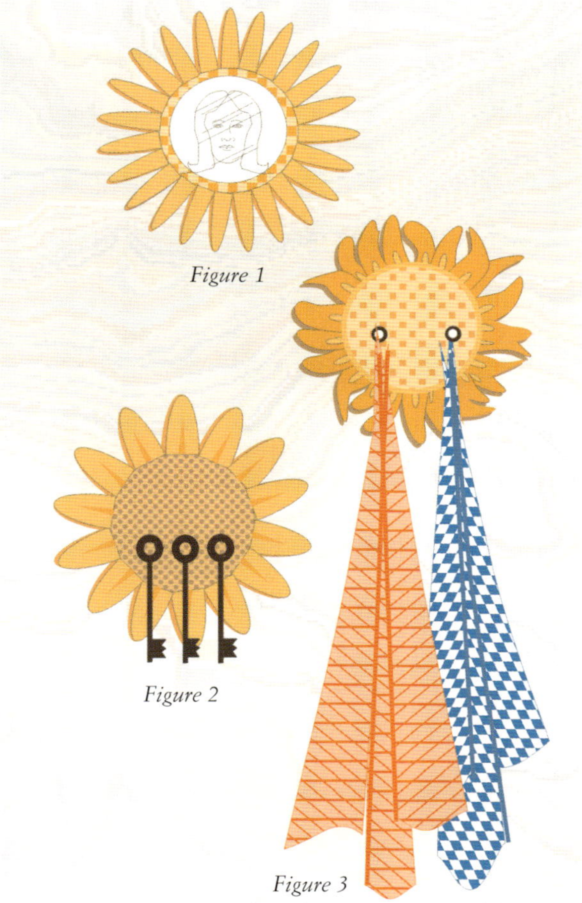

Figure 1

Figure 2

Figure 3

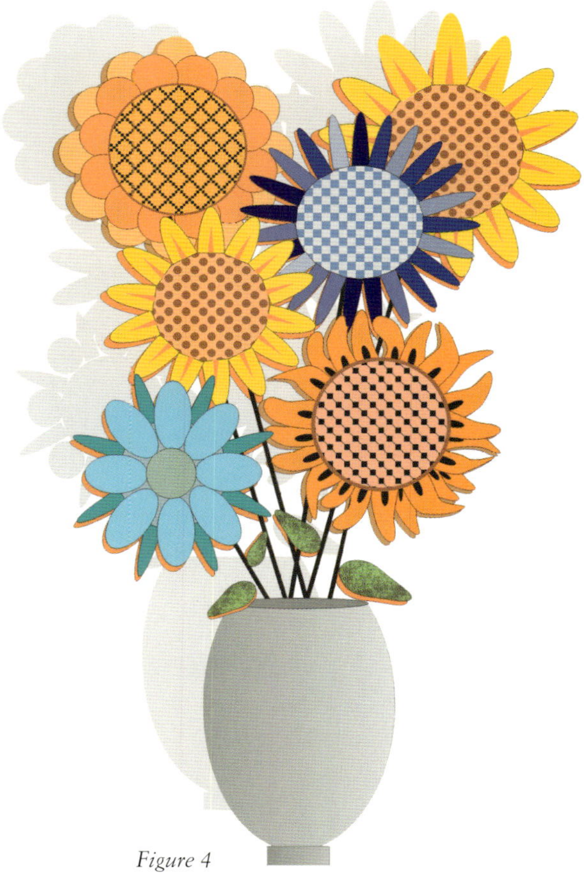

Figure 4

Figure 1 : en collant un anneau et une glace au centre, une fleur devient un miroir d'appoint.
Figure 2 : à l'aide de crochets adhésifs le tournesol se transforme en porte-clés.
Figure 3 : le tournesol en volume devient porte-serviettes.

Figure 4 : en réalisant des fleurs de toutes dimensions en à plat ou en ronde-bosse présentez des bouquets multicolores. A cet effet, à cru, prévoyez un trou dans chaque fleur et dans chaque feuille pour les passer dans des tiges en bois ou métalliques.

Applications florales

D'autres possibilités vous sont offertes en associant l'ustensile et le végétal pour confectionner des plats ou des coupes de différentes dimensions.

Enrichissez-les en collant des pétales soit sur la face extérieure figures 1, 2 et 3.
Soit tout autour du bord de votre création. Figure 4.

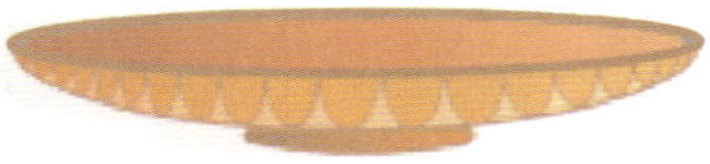

Figure 1

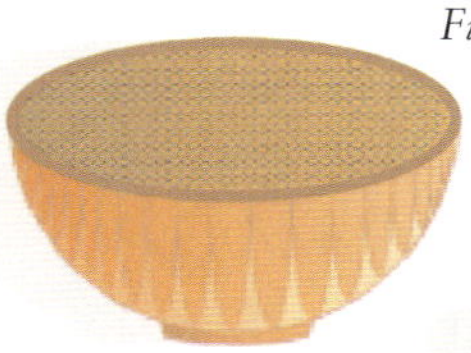

Figure 2

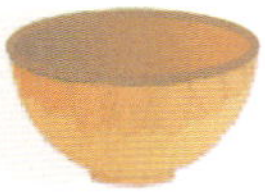

Figure 3

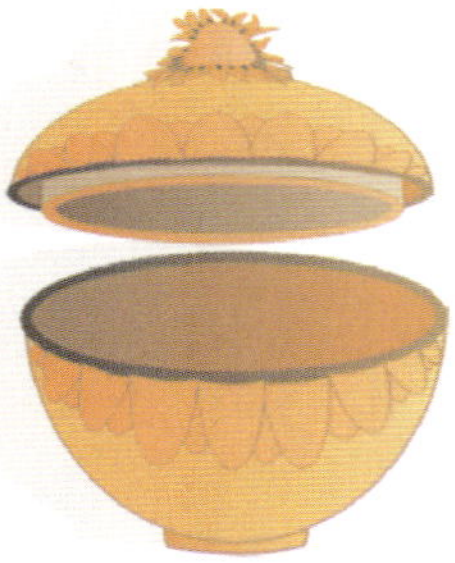

Figure 5

Schéma vue en volume

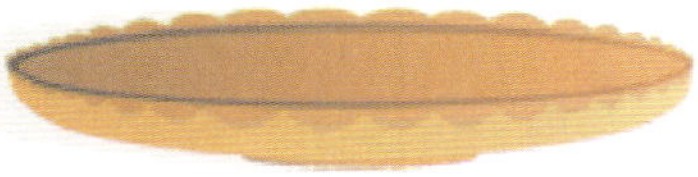

Figure 4

Décoration d'une coupe et d'un plat

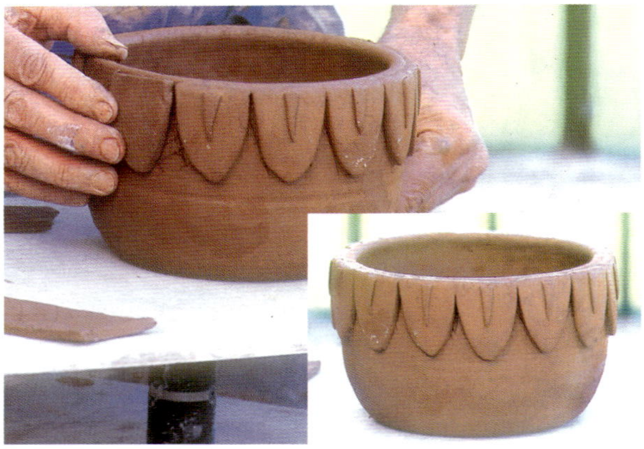

1 et 2. *Découpez des pétales de fleurs (tournesol ou autres). Griffez et passez votre barbotine sur chacune d'entre elles et sur le haut de votre coupe, puis collez celles-ci autour du col d'une coupe que vous avez façonnée aux colombins ou à la bande.*

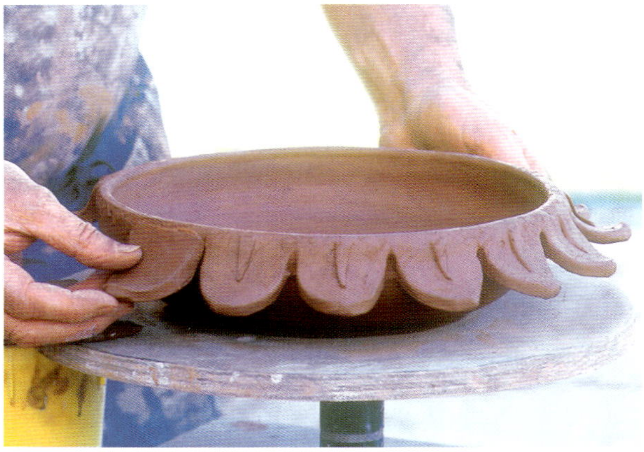

3. *Façonnez un plat à la plaque d'argile. Attendez qu'il se raffermisse. Façonnez des pétales recourbés puis collez-les sur le bord de votre plat comme le montre l'illustration.*

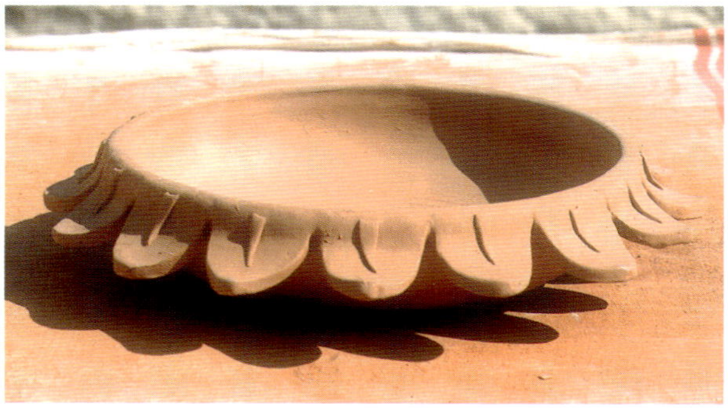

4. *Votre coupe fleur est terminée.*

Décoration florale d'une assiette

Suivant votre formation et votre degré d'habileté dans l'apprentissage du modelage vos créations seront de plus en plus sophistiquées.

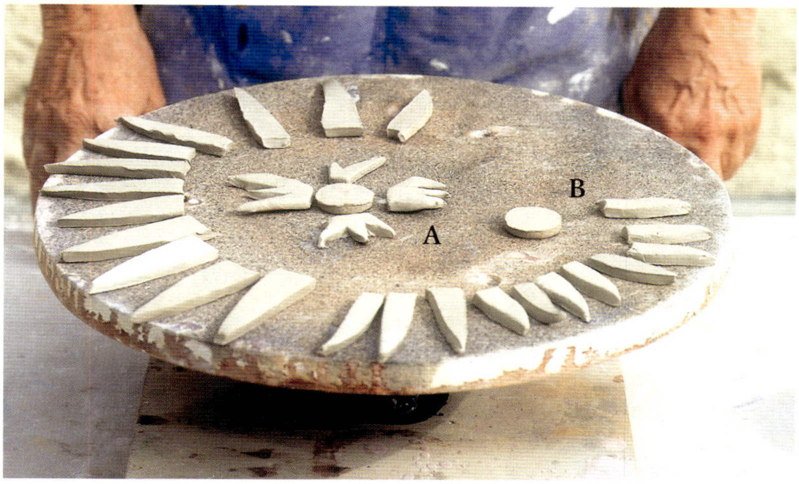

1. *Créez le cœur de la fleur en découpant dans une plaque deux rondelles, puis des formes représentant les pétales.*

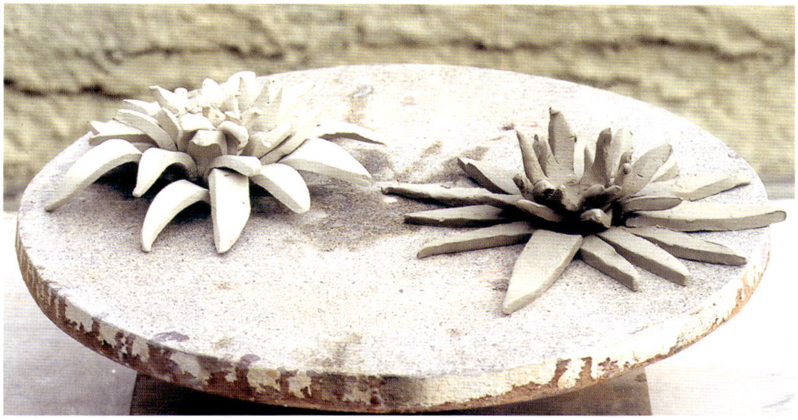

2. *Commencez par coller le cœur de la fleur en vous servant d'une des rondelles A.*
Collez à l'aide de la seconde rondelle B le reste de vos pétales en partant des plus grands jusqu'au plus petits par superposition. Travaillez en à plat sur votre plan de travail. Collez le cœur sur le dessus de votre deuxième modelage. Une fois votre fleur terminée, à vert, pliez et déformez-la pour lui donner du relief, donnez lui du volume en recourbant les pétales.

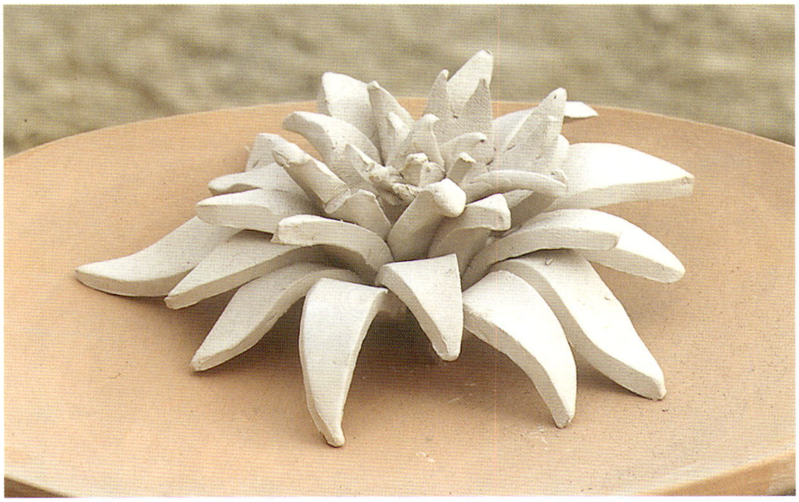

3. *Collez celle-ci sur un plat ou une grande assiette pour les décorer.*

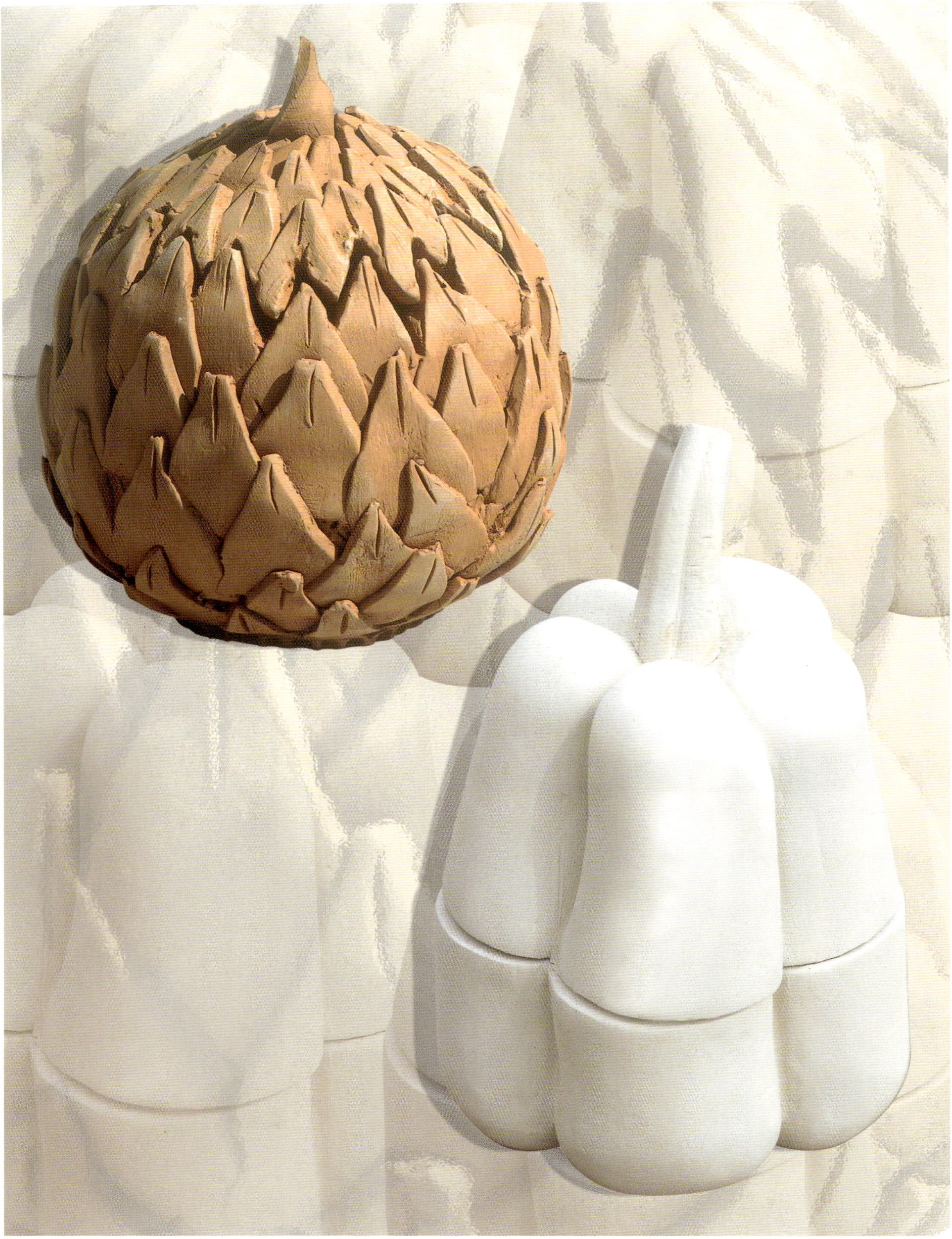

6 Les légumes

Moins poétiques et moins hauts en couleur que les fleurs, les légumes sont faciles à modeler.

Par leur forme en volume ils offrent l'avantage de se transformer en objets utilitaires : boîtes, vases, etc…

Modelage d'un artichaut en volume

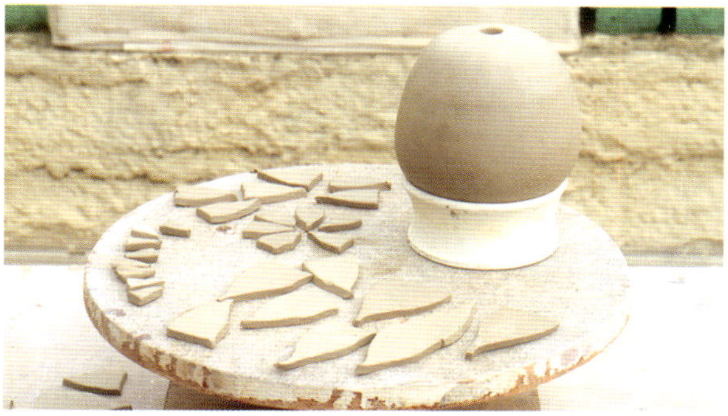

1. *Modelez un ovoïde soit aux colombins soit à la bande d'argile. Découpez dans une plaque (épaisseur environ 5/6 mm) toutes les feuilles de votre artichaut (petites, moyennes et grandes). Pour coller les premières feuilles placez votre ovoïde sur un support creux (bol, coupelle, etc.).*

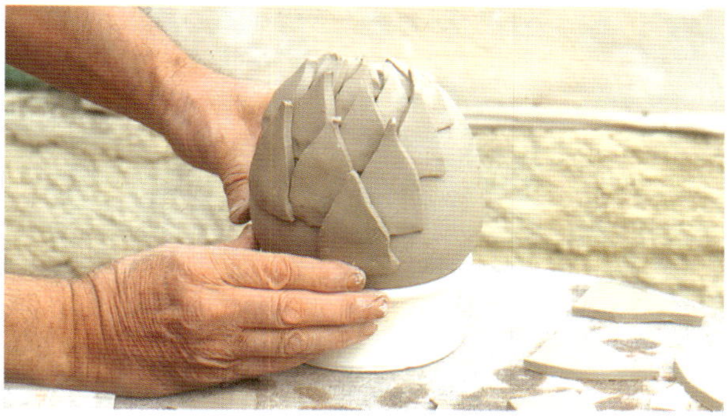

2. *Attendez que celui-ci se raffermisse un peu. Puis griffez et passez de la barbotine sur toute sa surface visible. Commencez par le haut de votre modèle. Après avoir griffé l'envers des feuilles collez celles-ci à la barbotine des plus petites au plus grosses en les superposant.*

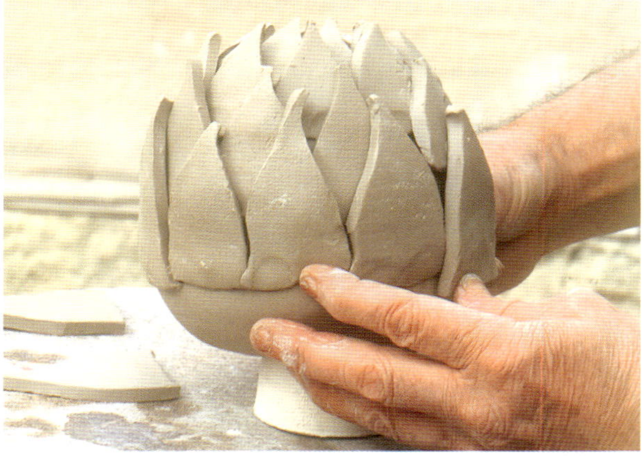

3. *Pour terminer le collage des feuilles prenez votre modèle en main et finissez de placer les dernières feuilles sur le bas de votre artichaut, plus une feuille sur le haut pour la prise en main.*

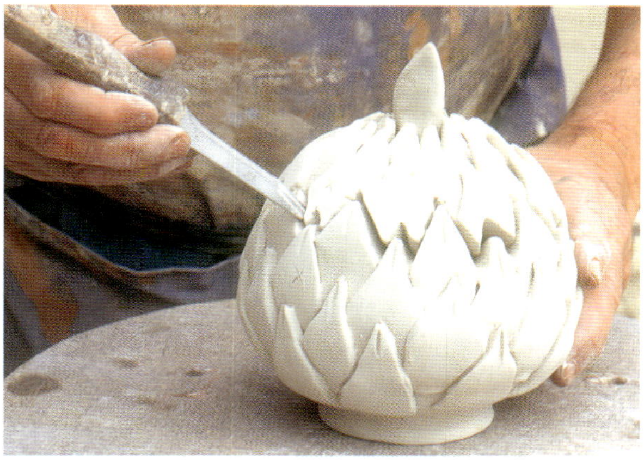

4. *Lorsque votre modèle arrive à vert découpez-le dans le sens des feuilles.*

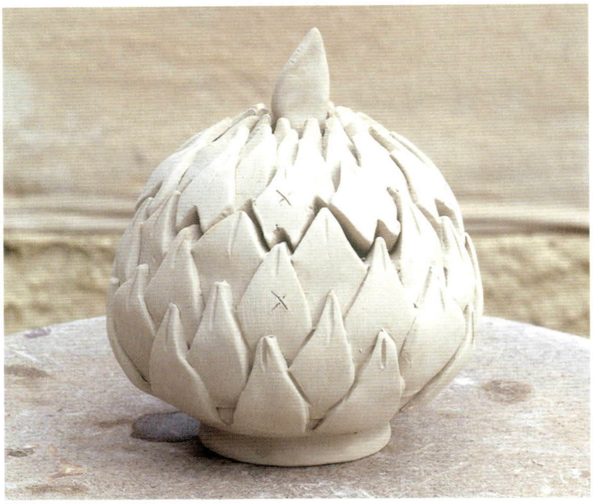

5. *Vous pouvez ajouter un socle (facultatif). Votre boîte est terminée.*

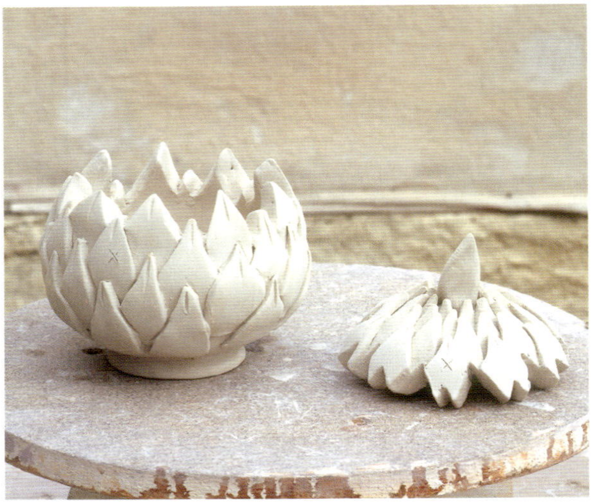

6. *Artichaut boîte ouverte. Pour positionner le couvercle de votre artichaut faites un repère sur le haut et le bas de celui-ci.*

Sur le même principe vous pouvez modeler d'autres légumes. Une solution pour mouler les formes : servez-vous de véritables légumes (exemples : aubergines, courgettes, pommes de terre, etc…).

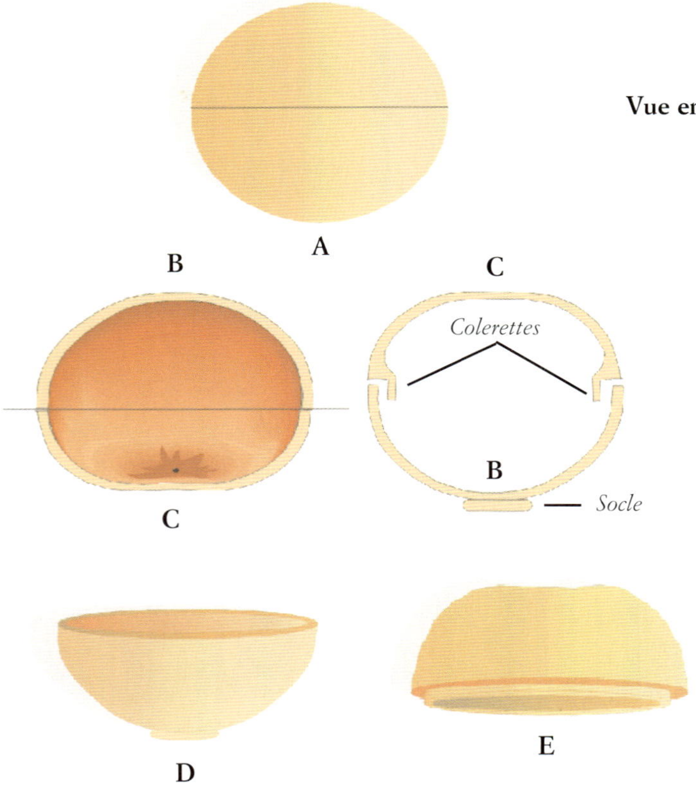

Vue en coupe et en volume

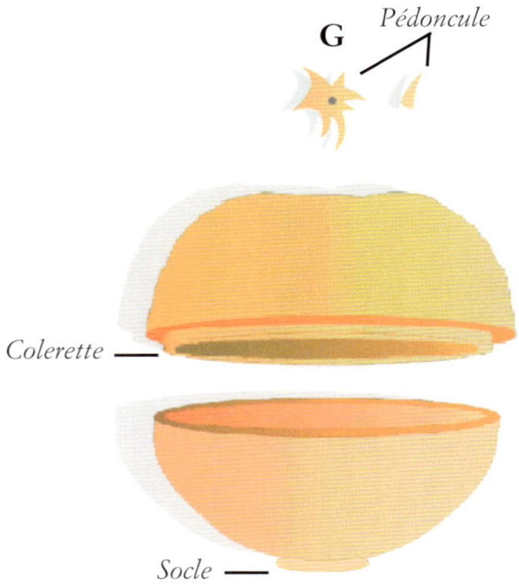

Voici deux exemples de légumes transformés en boîtes vide poche : Une tomate et un poivron.

La tomate

Vous avez deux possibilités. Soit vous confectionnez vos deux parts de tomate à partir d'une boule d'argile que vous coupez en deux et que vous évidez.
Soit vous aplatissez deux galettes de terre à l'épaisseur désirée environ 6 à 7 millimètres.
Découpez dans celles-ci deux cercles avec un emporte-pièces.
Vérifiez le diamètre de vos cercles pour qu'ils épousent la surface d'une demi-sphère B et B'. Servez-vous d'une balle de tennis enveloppée d'un tissu ou d'une tomate comme moule en bosse.
Une fois raffermies à vert démoulez vos deux parties.
Sous la pièce B collez et lutez un petit socle A.
A l'intérieur de la pièce B figurant le bas de votre tomate, collez et lutez la collerette C.
Rajoutez le pédoncule fait d'une forme découpée en étoile et d'un petit boudin D.

Note

Sur les schémas les boîtes sont coupées en deux parties égales.
Cela n'est pas obligatoire : la hauteur de la coupe est laissée à votre initiative.

Modelage d'une tomate

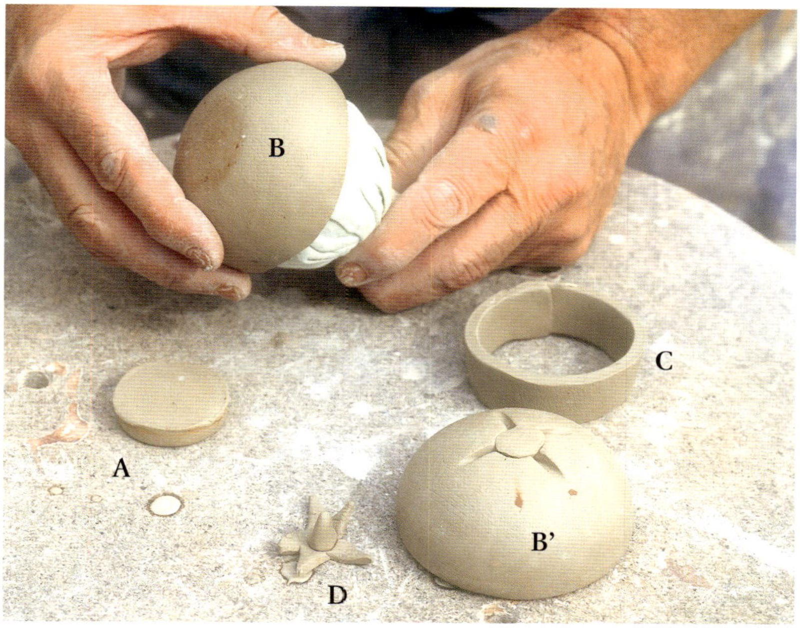

Figure A : après avoir découpé vos deux galettes à l'aide d'un emporte-pièces, façonnez les sur une balle de tennis enveloppée d'un tissu vous obtenez deux demi globes.
Découpez une rondelle pour le socle A .
Modelez une collerette avec une bande d'argile C.
Façonnez le pédoncule en forme d'étoile D.

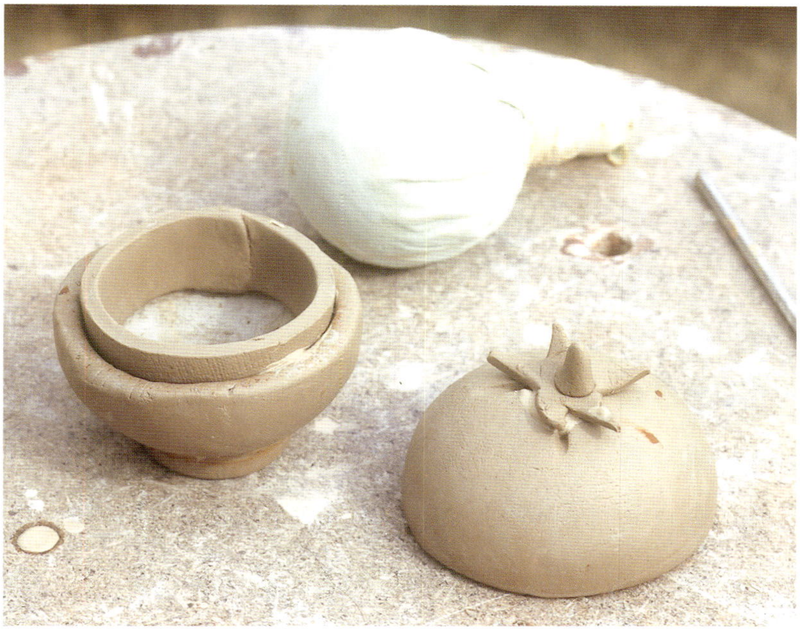

Figure B : collez le pédoncule D sur le dessus d'un demi globe B' et la collerette C à l'intérieur de l'autre demi globe, celle-ci positionnera votre tomate boîte.
Collez votre socle. Votre tomate est terminée.

Le poivron

Schéma du modelage
Pour modeler cette boîte poivron adoptez la technique du travail à la plaque.
Façonnez des plaques d'environ 7 mm d'épaisseur dans lesquelles vous découpez des ovales figurant les tranches du poivron. Figure 1 et 2.
Découpez également deux ronds. L'un servira pour coller les tranches sur le bas du poivron le second pour le haut. Ajouter un boudin pour modeler le pédoncule. Figure 5.
Courbez chaque tranche comme l'indique la figure 3 et 4 en vous servant du rouleau.
Pour former le haut du poivron, soudez chaque tranche entre elles par l'intérieur. Consolidez la base en vous aidant d'un boudin. Collez le cercle sur le dessus de la pièce en dernier. Figure 6.
Faites de même pour le bas du poivron.
En vous aidant de vos outils arrondissez les tranches, donnez du volume à vos créations, déformez-les légèrement. Figure 7 et 8.

Lorsque votre pièce vous satisfait, terminez en collant le pédoncule sur le haut du poivron.
Pour cela aplatissez le boudin grossièrement sur quatre faces, courbez-le, striez-le sur sa longueur. Figure 9.

Collez des petits rectangles d'argile à l'intérieur du poivron partie basse pour bloquer votre couvercle Figure 8.
Votre pièce est terminée. Figure 10.

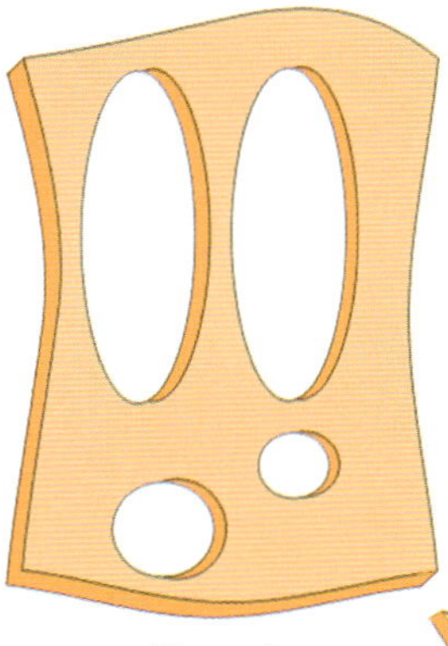

Figure 1

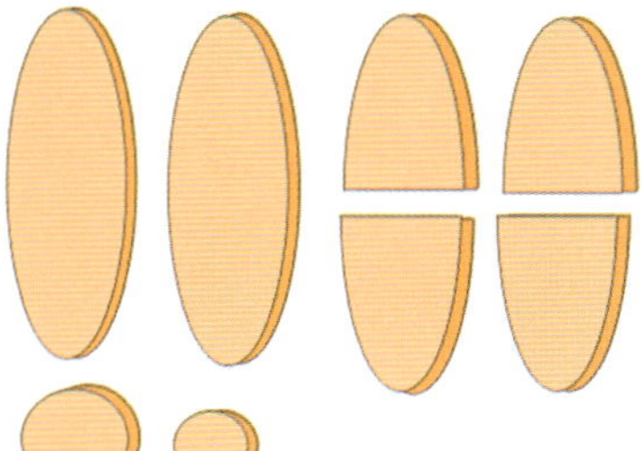

Figure 2

Figure 5

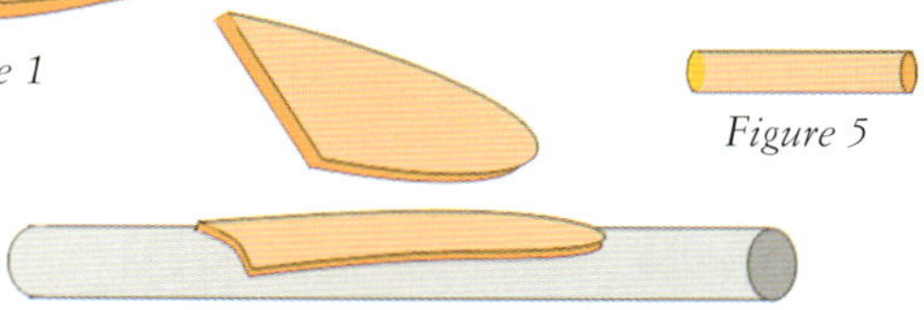

Figure 3

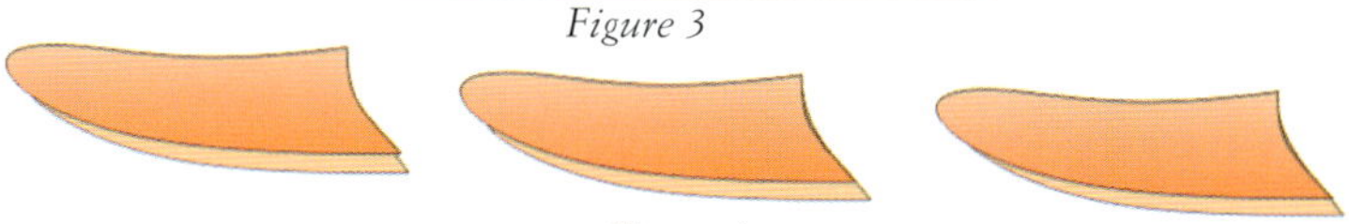

Figure 4

Vue en plan.

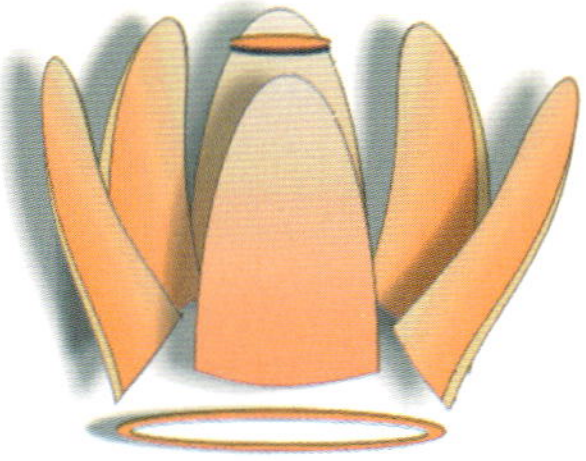

Figure 6

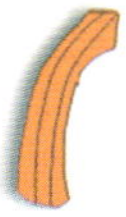

Figure 9

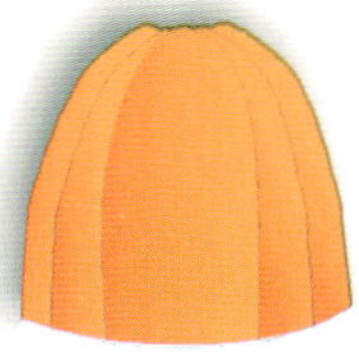

Figure 7

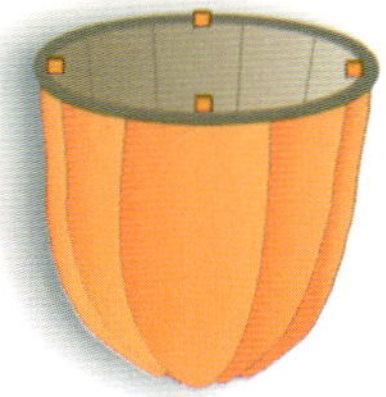

Figure 8

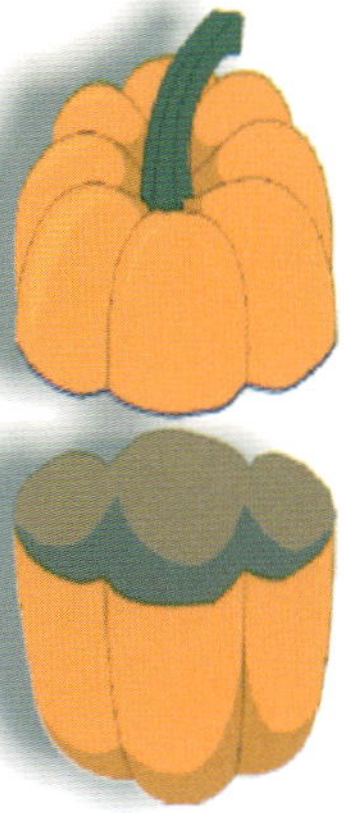

Figure 10

Vue en volume.

Illustrations du modelage d'une boîte poivron

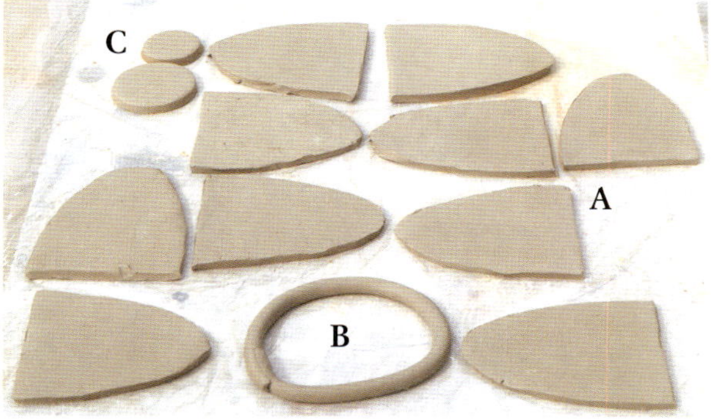

Figure A : A l'aide d'un patron découpez les tranches du poivron coupez-les en deux A. Façonnez un petit boudin B. Découpez deux petites rondelles C.

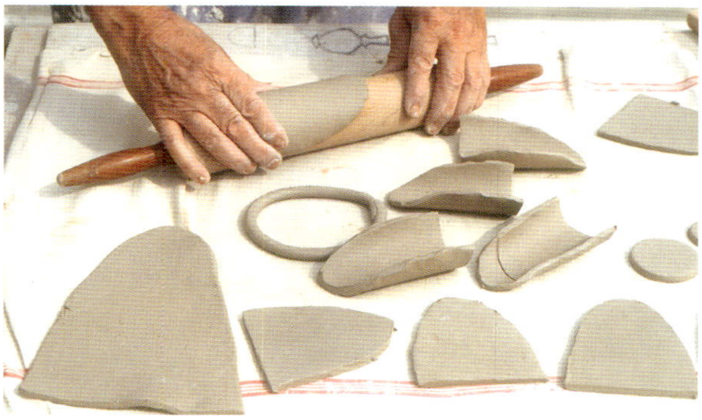

Figure B : arrondissez les demi tranches de poivron sur un rouleau.

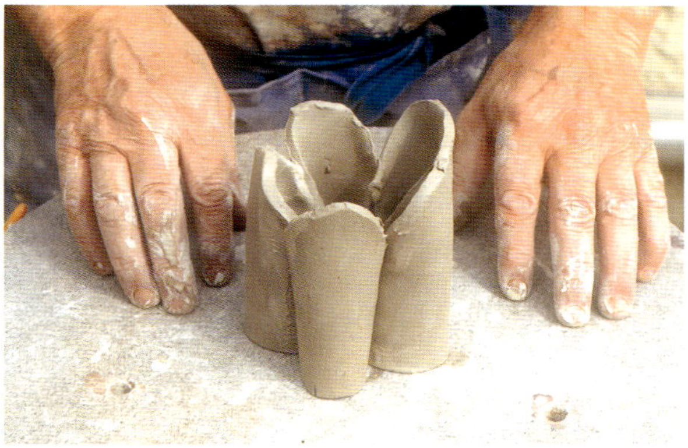

Figure C : griffez, passez de la barbotine sur les bords des demi tranches et soudez-les comme il est écrit dans le schéma page précédente. Consolidez à l'intérieur le bas de votre pièce avec le petit boudin.

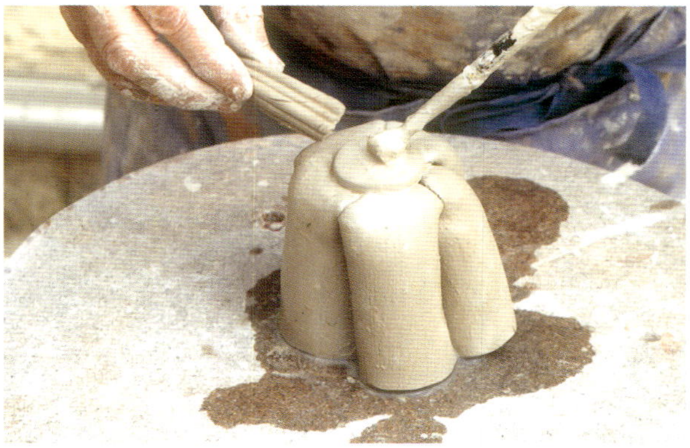

Figure D : arrondissez l'extrémité des demi tranches vers l'intérieur. Sur le dessus collez et lutez la petite rondelle pour les réunir entre elles. Ceci fait appuyez avec votre pouce sur cette rondelle pour la faire rentrer vers l'intérieur de votre modelage. Soudez le pédoncule. Lissez à l'éponge humide.

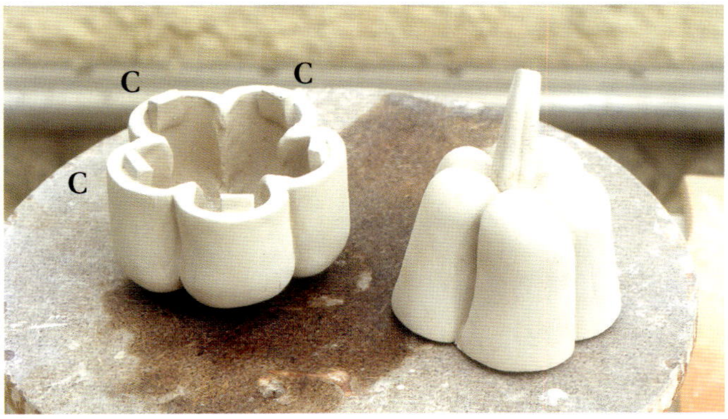

Figure E : exécutez le modelage à l'identique pour le bas du poivron. Ne faites pas rentrer la rondelle vers l'intérieur, elle servira de socle à votre pièce. Ajoutez sur les bords intérieurs des petits rectangles d'argile C qui serviront à bloquer le couvercle.

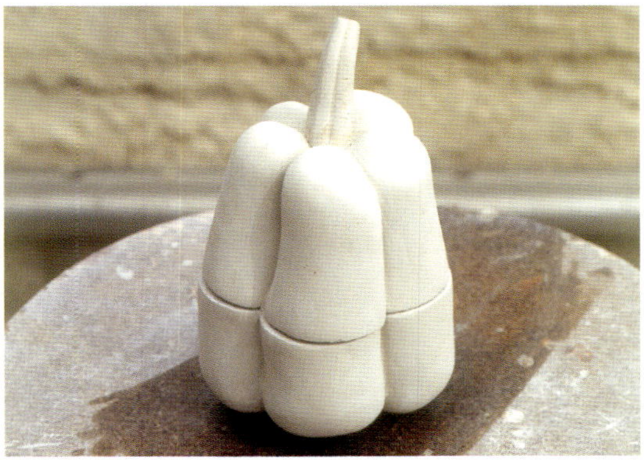

Figure F : une fois arrivé à vert réunissez les deux parties en les faisant coïncider. Faites sécher et cuire votre pièce dans cette position. Pour éviter que les deux parties ne collent entre elles talquez les bords de celle-ci.

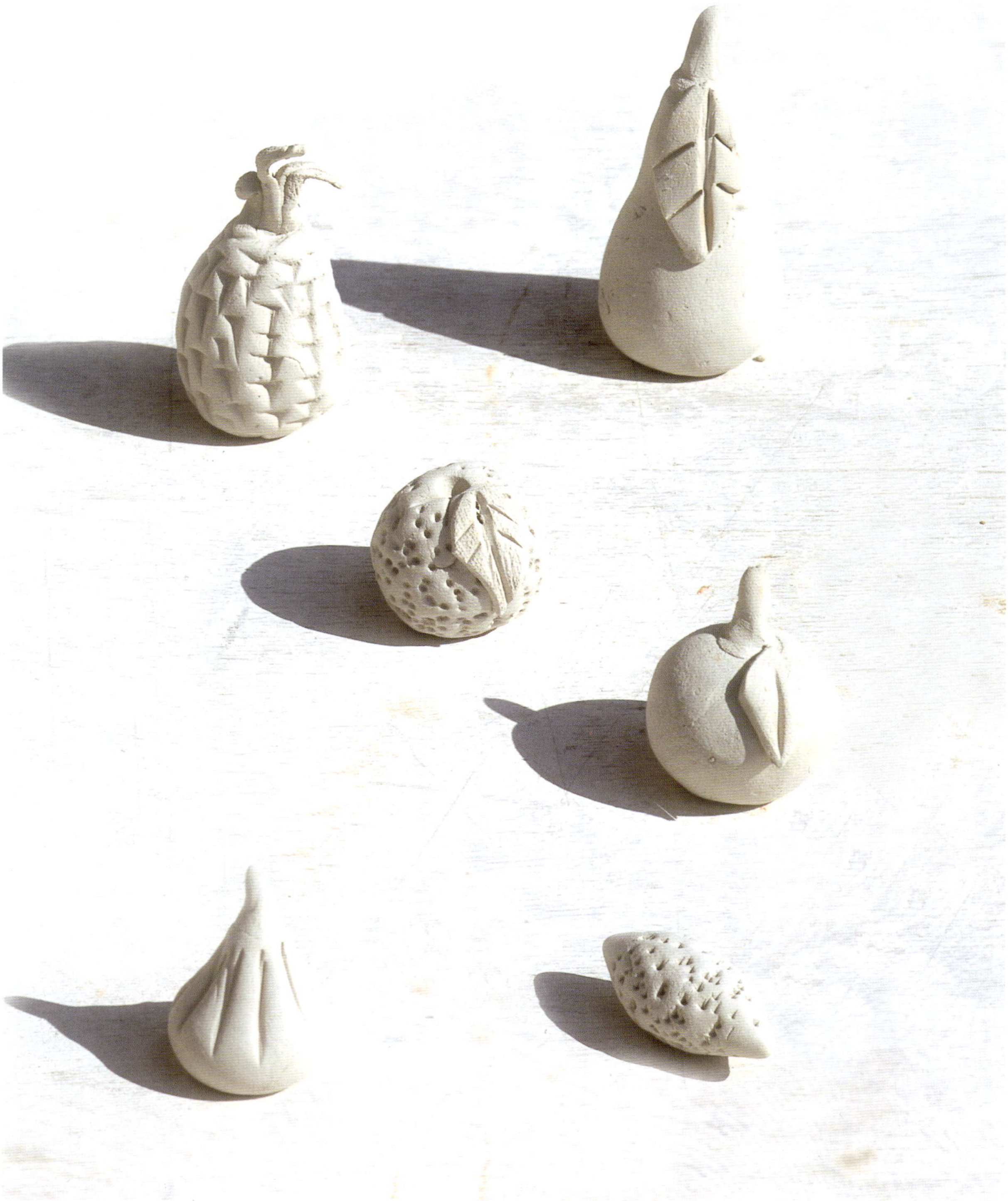

Modelage de petits fruits en argile blanche.

7 Les fruits

Les fruits, à l'égal des autres végétaux, offrent les mêmes possibilités de décoration que ces derniers.
Par leur forme et leur coloration vous aurez plaisir à les confectionner.

L'ananas

Modelage d'un ananas
Schémas et illustrations.

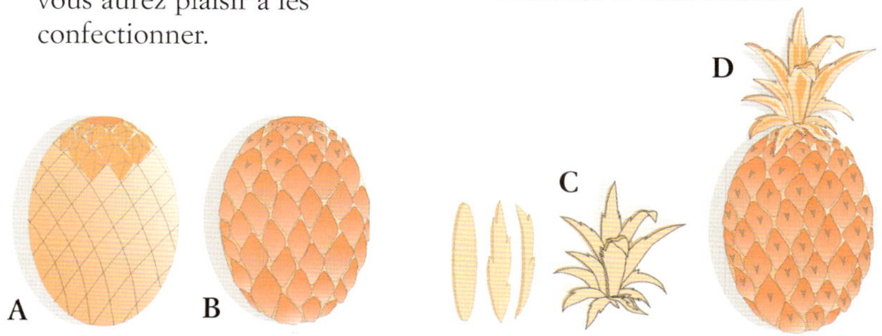

Débutez par le corps du fruit en façonnant aux colombins un ovoïde A
Striez celui-ci en diagonale de façon à le quadriller.
Découpez les écailles. Collez vos écailles B.

Modelez les feuilles C.

Finissez en soudant les feuilles sur le haut de votre ananas D.

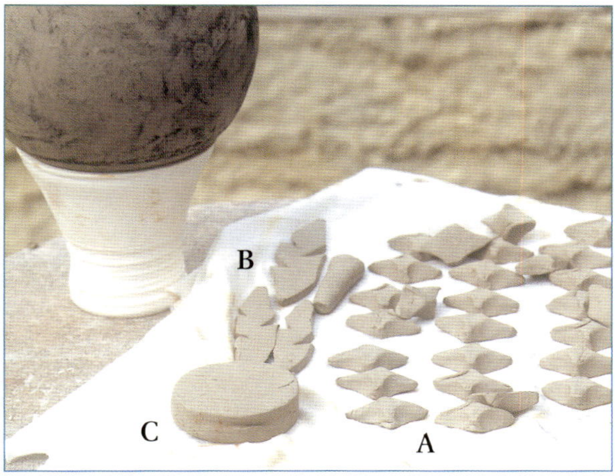

1. *Modelez un ovoïde aux colombins. Dans une plaque d'argile découpez des losanges A. Donnez, au départ, une épaisseur suffisante à ces derniers car vous allez les travailler afin de leur donner leur aspect définitif.*
Découpez des formes ovales de différentes dimensions dans une plaque d'argile de 3 mm d'épaisseur qui représenteront les feuilles de votre ananas B.

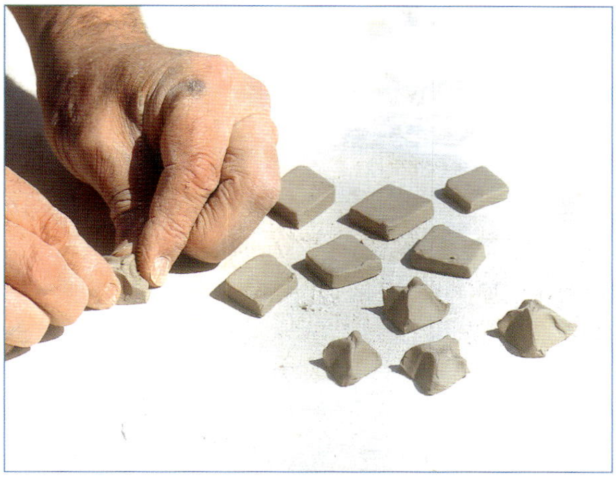

2. *Ciselez les bords pour imiter le dessin des véritables feuilles B. Modifiez vos feuilles en les courbant ou en pliant leurs extrémités et assemblez-les en forme de plumeau.*
Découpez un rond pour le socle C.

Figure B : pour donner leur forme aux écailles pressez les angles aigus de vos losanges entre vos pouces et vos index.

Pose des écailles

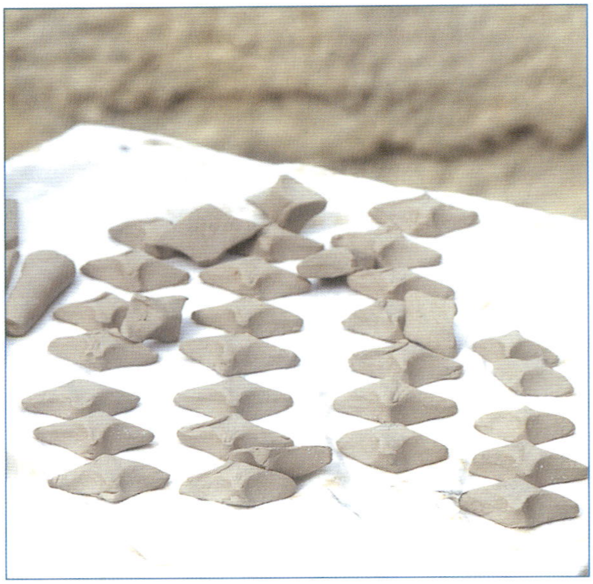

3. *La fabrication de ces écailles étant longue, au fur et à mesure de leur conception, placez-les sur un linge humide et recouvrez-le tout d'un film plastique.*

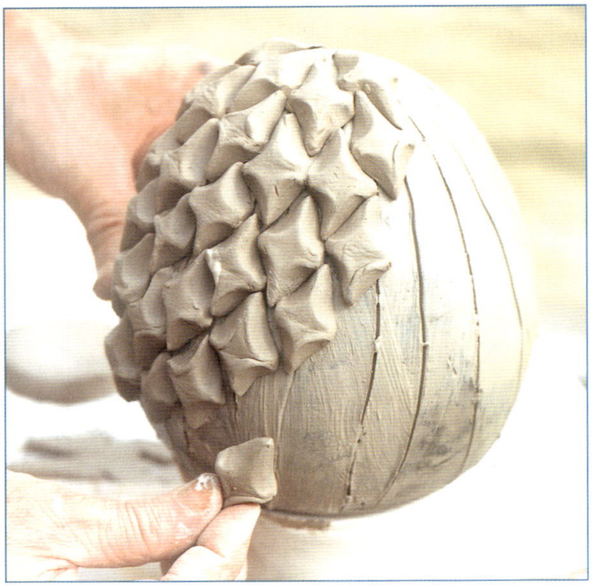

4. *Exécutez le même travail que pour le modelage de l'artichaut. Collez les écailles en maintenant votre ovoïde sur un support.*

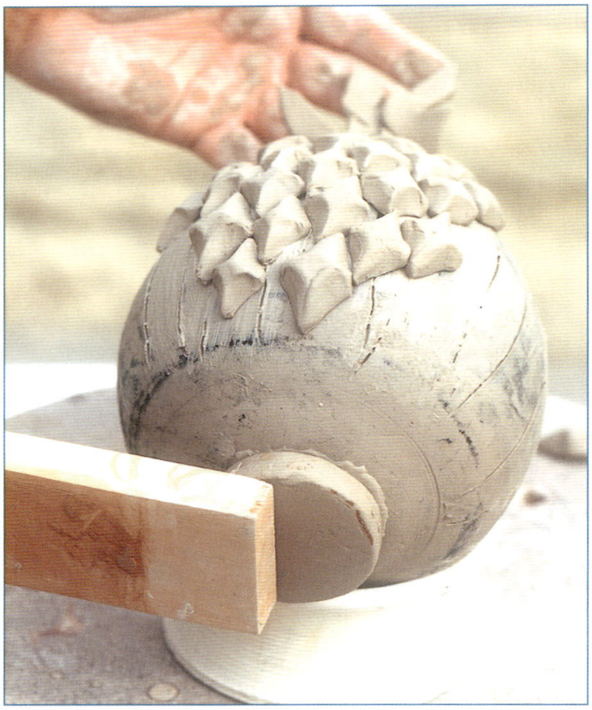

5. *Ensuite prenez-le en main et finissez le collage des écailles et du socle.*

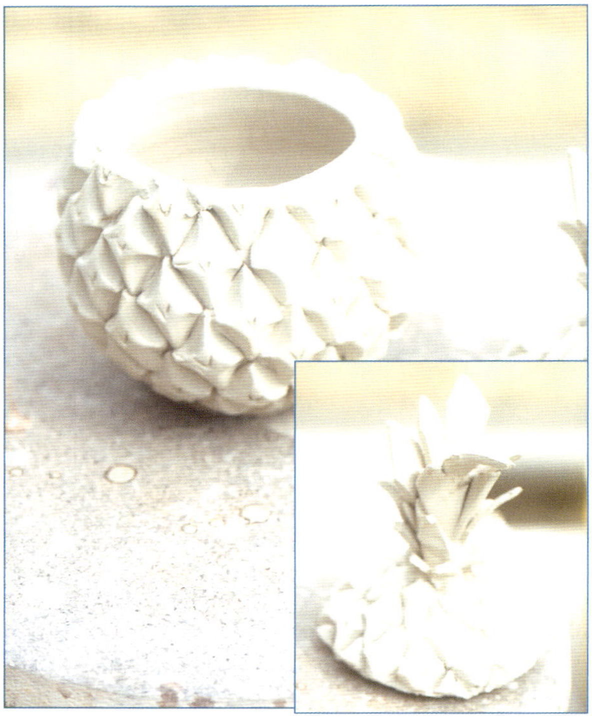

6. *Collez les feuilles sur le haut de votre ananas. Coupez-le à la hauteur désirée : votre boîte ananas est terminée.*

Une grappe de raisin

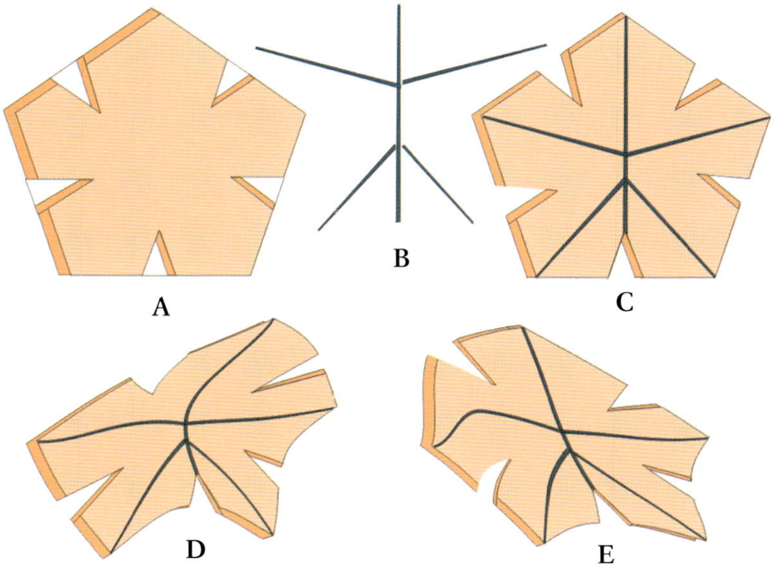

Figure 1 : vue en à plat.

Voici une petite astuce pour imiter au plus près les feuilles de vigne. Découpez dans du carton fort un pentagone. Il vous servira de patron pour réaliser vos feuilles de vigne.
Si vous coupez sur chaque côté de cette figure géométrique un petit triangle vous obtenez l'esquisse d'une feuille de vigne. Figure 1 – A.
Selon la grosseur de la grappe de raisin que vous voulez réaliser confectionnez vos feuilles aux dimensions de celle-ci. Déformez les feuilles pour leur donner du mouvement. Figure 1 – D et E.
Pour la grappe de raisin rien de plus simple : modelez des billes de terre de grosseur à définir, suivant la destination que vous attribuez à votre création.
A l'identique de la fleur page 51 vous pouvez placer votre grappe de raisin dans une assiette.
Ou, en la complétant avec d'autres fruits, exécuter une composition originale dans un plat ou une coupe.

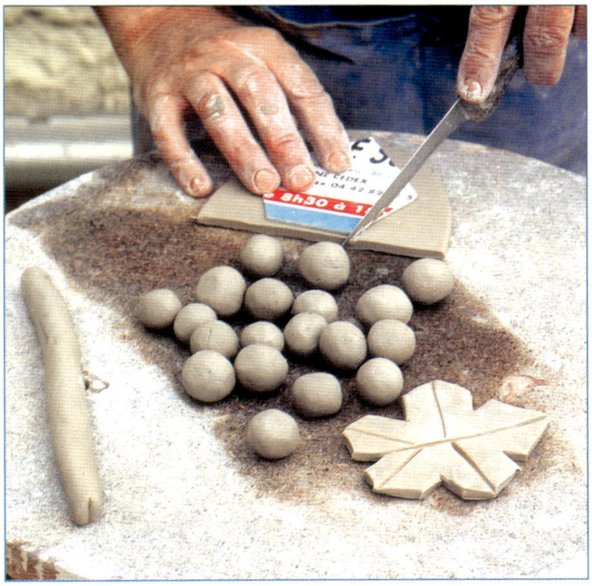

1. *Sectionnez un boudin d'argile en petits tronçons. Façonnez avec ces derniers des boulettes de différentes grosseurs.*
Découpez à l'aide d'un patron vos feuilles dans des plaques d'argile de 3 à 4 mm d'épaisseur, gravez les nervures.

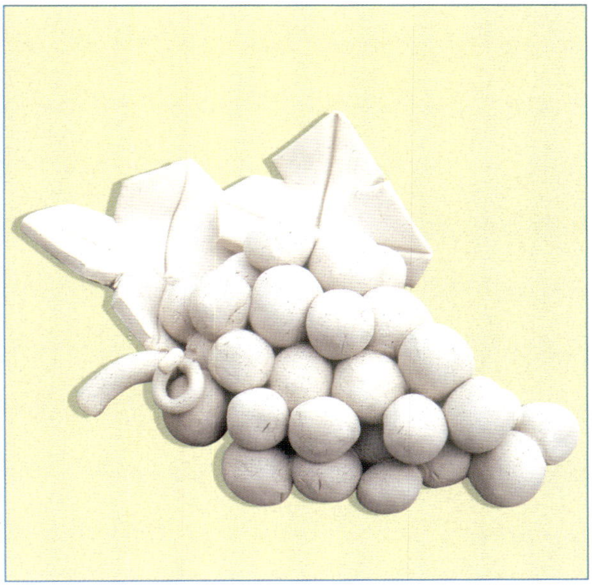

2. *Rassemblez, en les collant, toutes vos petites boules pour former votre grappe en vous rapprochant au plus près d'un modèle. Collez vos feuilles que vous avez préalablement déformées. Ajoutez une queue et un petit boudin roulé en spirale. Votre grappe de raisin est terminée.*

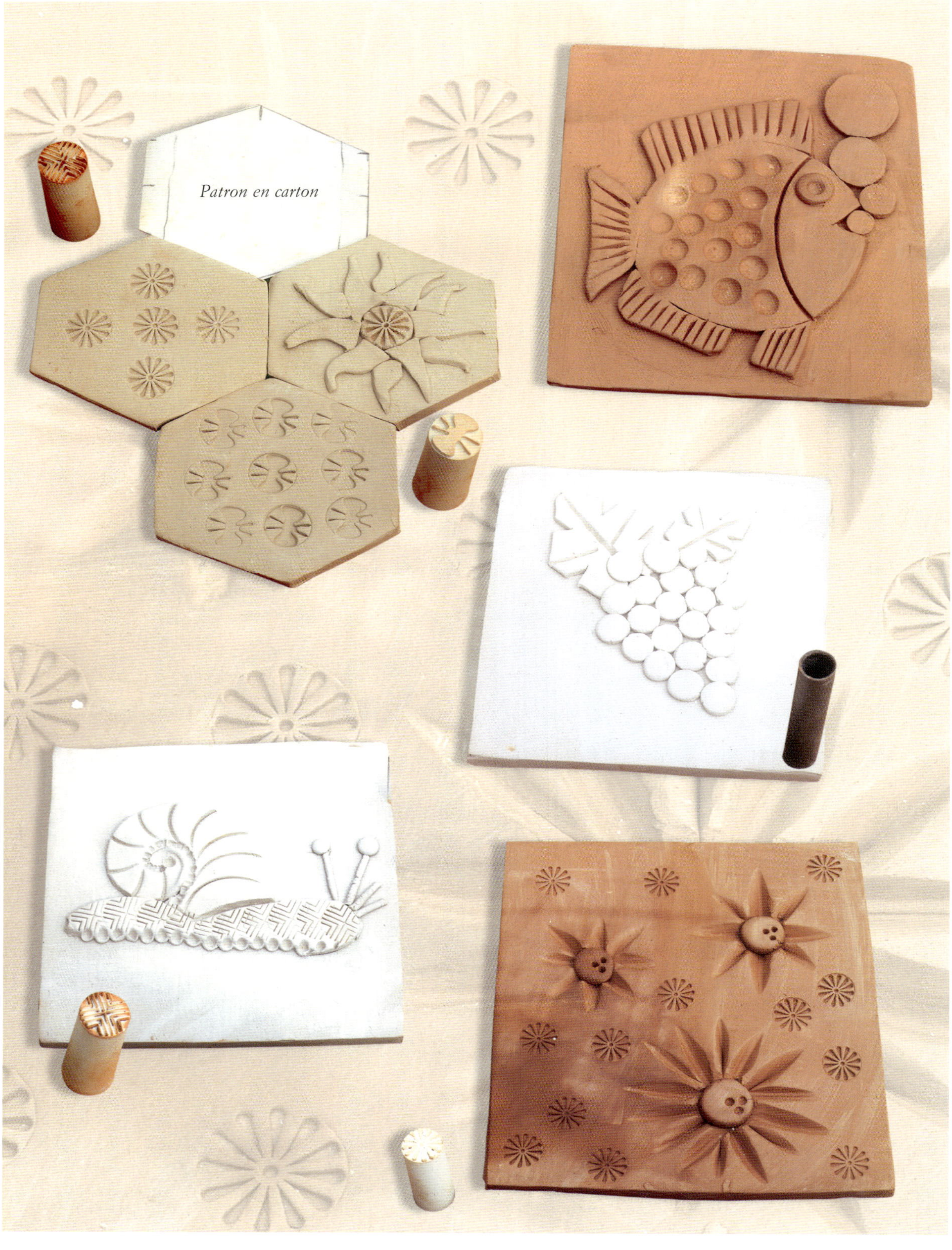
Patron en carton

8 Les carreaux

Une autre façon de vous initier à la technique de l'estampage : la fabrication de carreaux.

Vous avez la possibilité de confectionner vos carreaux dans les dimensions et la matière de votre choix. Cette initiative à prendre est de loin la plus intéressante.
Vous avez plusieurs possibilités pour la confection de carreaux :
Soit vous les réalisez en les découpant dans une plaque d'argile à l'épaisseur désirée.
Soit vous fabriquez, à l'aide de carrelet en bois, un cadre dont les formes et l'épaisseur sont laissées à votre libre arbitre.

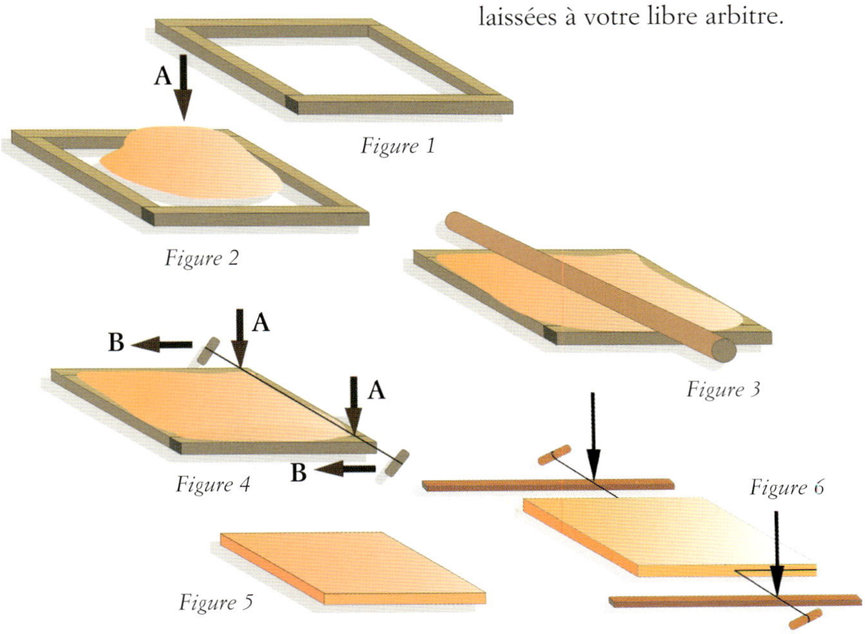

Schémas de l'estampage d'une pièce.

Cependant, comme dans tous les cas de figure, l'épaisseur est fonction de la grandeur de vos carreaux. Comptez pour un carreau de 20 cm sur 20 cm une épaisseur de 10/15 mm environ. Choisissez une argile légèrement chamottée (0.02 de granulométrie) cela vous évitera trop de déformations au séchage.

Schémas de l'estampage d'une pièce

Sur votre plan de travail disposez votre cadre en bois. Figure 1.
Pour éviter que l'argile n'adhère au plan de travail travaillez sur un tissu.
Malaxez un pâton d'argile que vous placez en son centre et avec les pouces estampez-le en étalant votre argile à l'intérieur du cadre. Figure 2 – A.
Avec votre rouleau pressez fortement votre argile afin d'éliminer les bulles d'air. Figure 3.
Prenez votre fil à découper, tendez-le, appuyez avec vos pouces sur le bord du cadre. Figure 4 – A.
Coupez l'excédent de terre suivant le sens des flèches. Figure 4 – B.
Egalisez la surface avec une raclette en bois.
Dégagez le carreau en tapant sur les bords du cadre. Votre carreau est terminé. Figure 5.
Si vous trouvez que votre carreau est trop épais coupez le en deux. Figure 6.

Vous pouvez réaliser un cadre amovible en fixant de petites charnières sur les cotés A.
Mettre un petit crochet et un clou pour fermer le cadre B.

La forme et la grandeur du cadre pour la réalisation de vos carreaux sont laissées à votre libre arbitre.

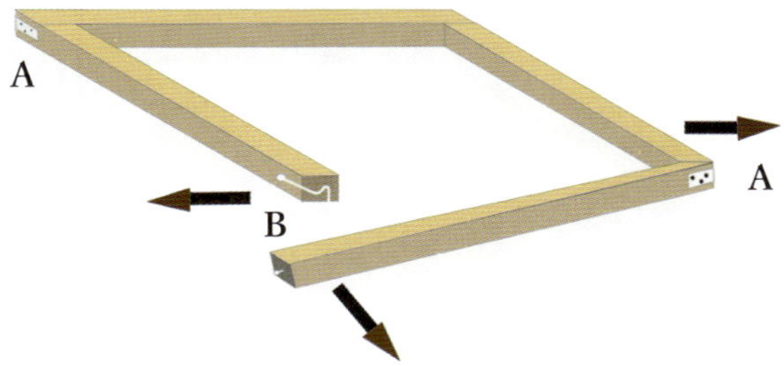

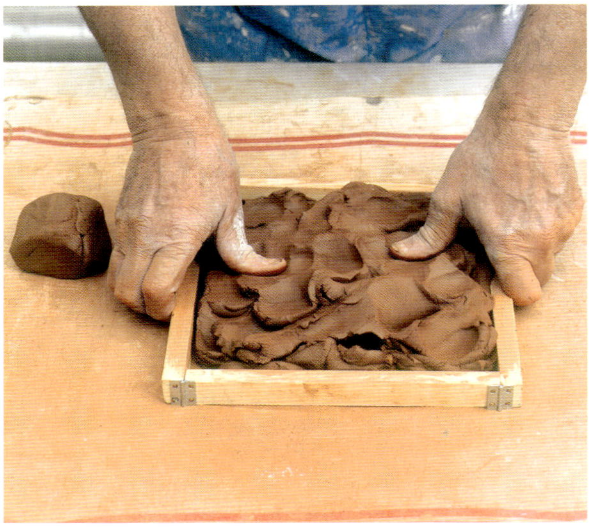

1. *A l'aide de vos pouces estampez une masse d'argile à l'intérieur du cadre et égalisez la surface à l'aide du rouleau.*

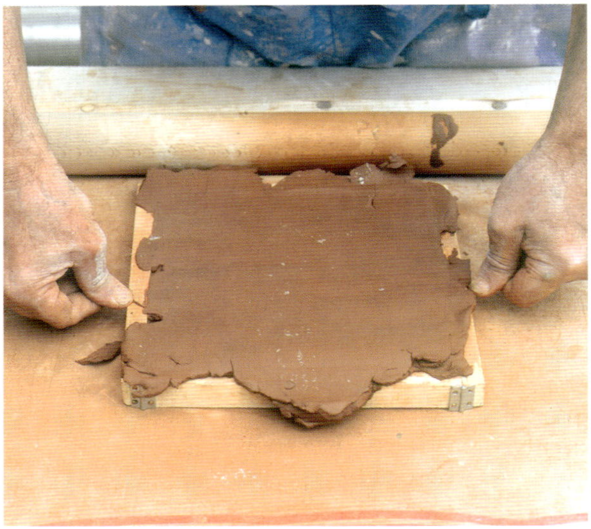

2. *Découpez avec votre fil l'excédent d'argile, si nécessaire égalisez la surface avec une réglette.*

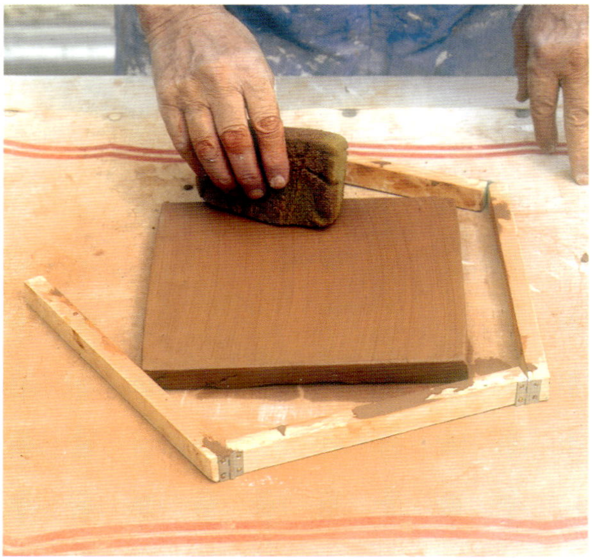

3. *Dégagez le cadre et finissez de lisser la surface à l'éponge humide.*

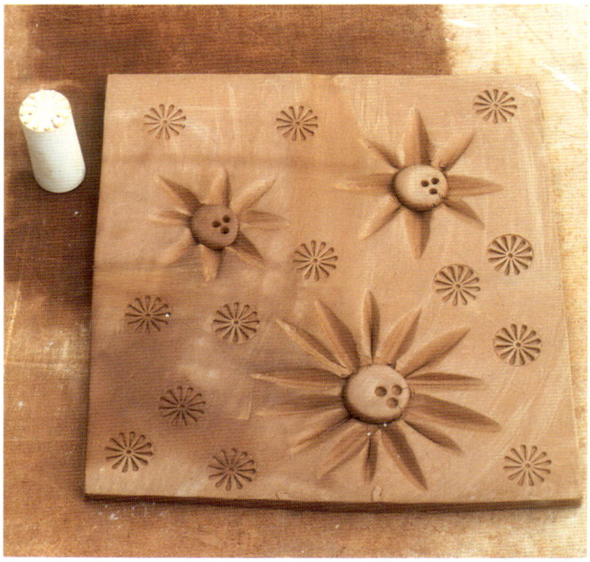

4. *Décorez votre carreau avec des emporte-pièces de formes et de dimensions différentes.*

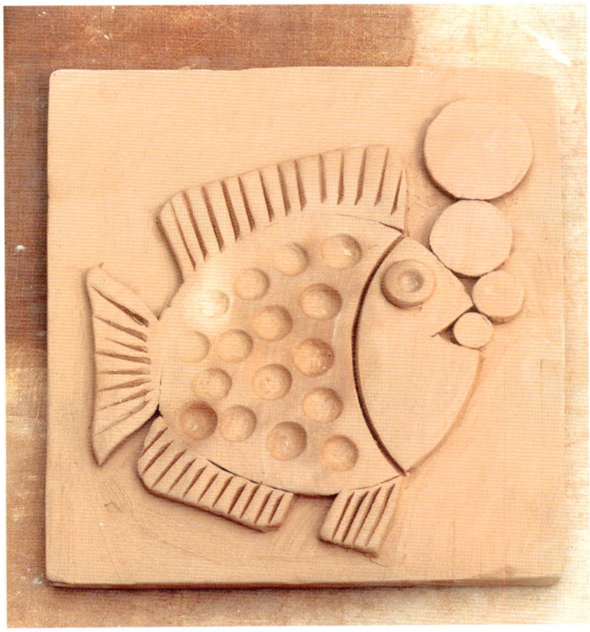

5. *Vous pouvez également modeler un sujet en à plat puis le coller sur votre carreau. Exemple : un poisson.*

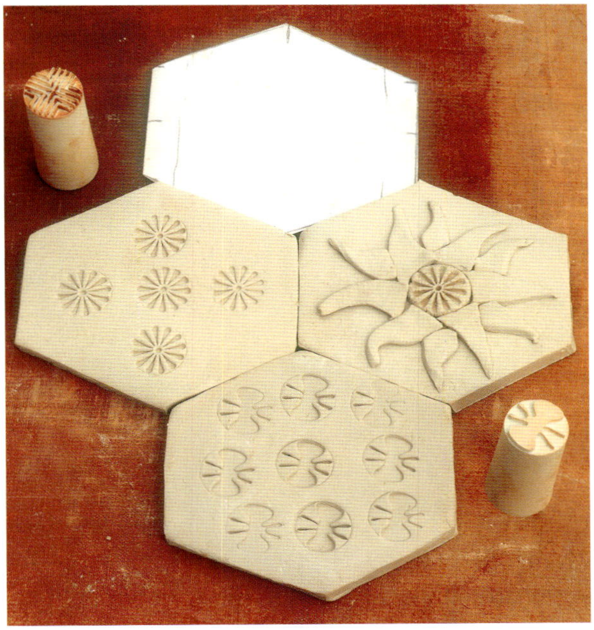

6. *Exemples de tomettes décorées en relief ou par impressions. Lors du séchage il faut éviter que vos carreaux ne se déforment. Disposez-les sur une surface plane et posez une planche de latté ou de contreplaqué dessus.*

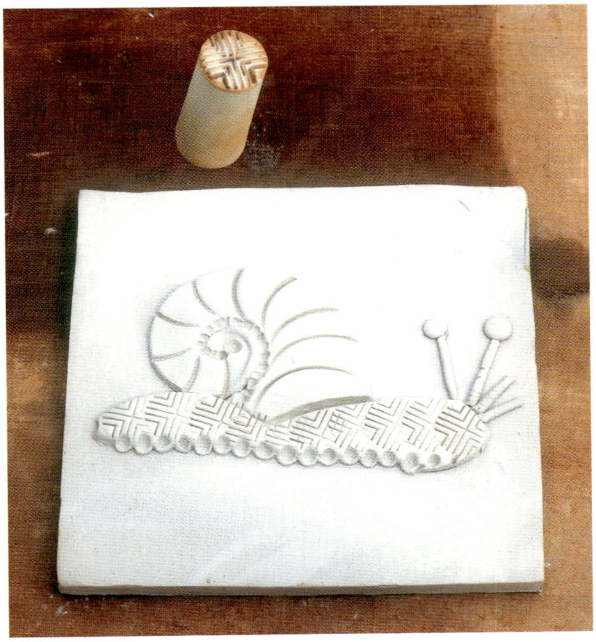

7. *Exemples de carreaux décorés avec des sujets façonnés en à plat. Un escargot…*

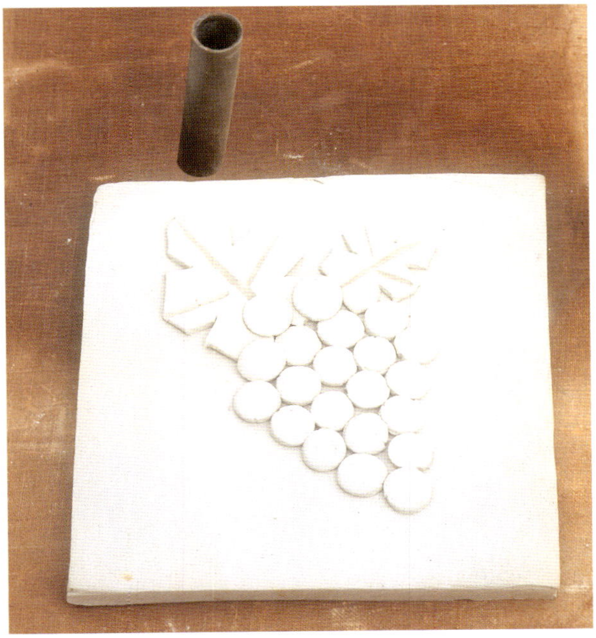

8. *…une grappe de raisin.*

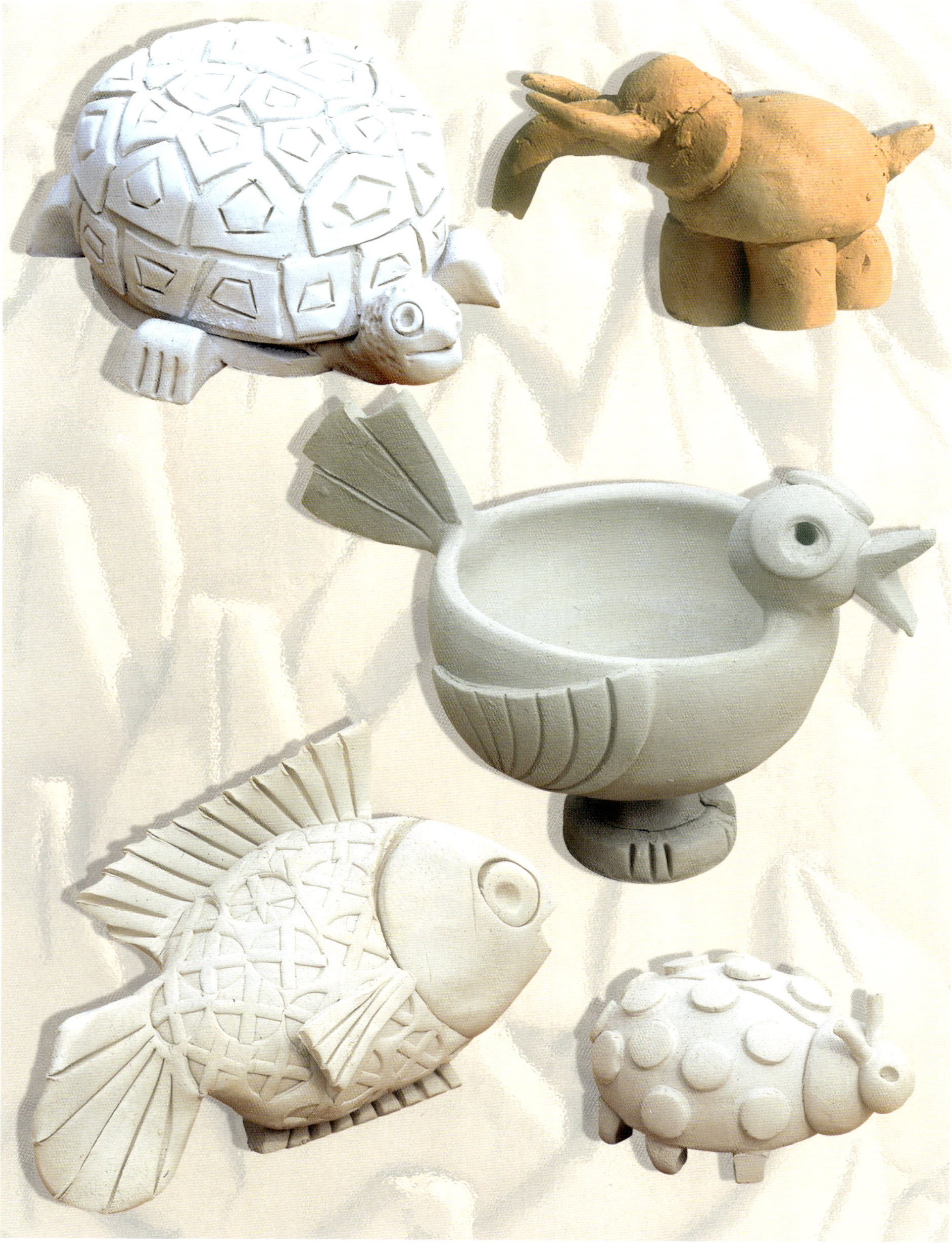

9 Les animaux

Il n'y a pas de limite à la création d'objets utilitaires ou décoratifs. Il est impossible de citer dans un seul ouvrage tous les exemples pouvant se réaliser en céramique. Nous donnons seulement des indices vous orientant sur les sujets exploitables dans ce domaine.

Les poissons

Nous savons tous dessiner un poisson, rien de plus simple !
Une ellipse pointue aux deux bouts.
Un triangle pour la queue.
Un demi-cercle pour séparer la tête du corps.
Un petit rond pour l'œil.

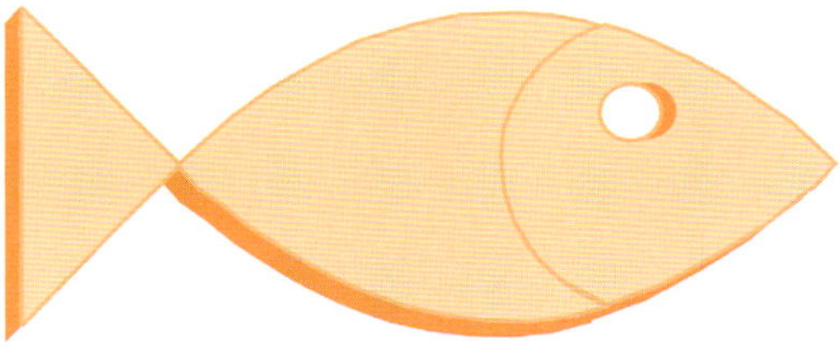

Figure 1 : à découper d'après un patron dans une plaque d'argile de 7 mm d'épaisseur.

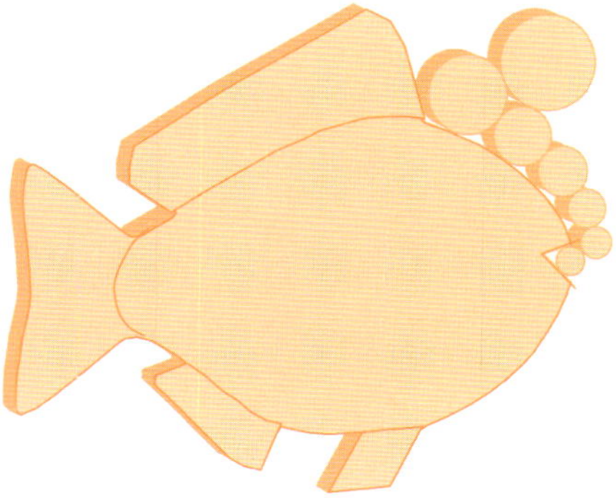

Figure 2 : découpez dans une plaque d'argile de 10 mm d'épaisseur le dessin de votre poisson avec ses bulles.

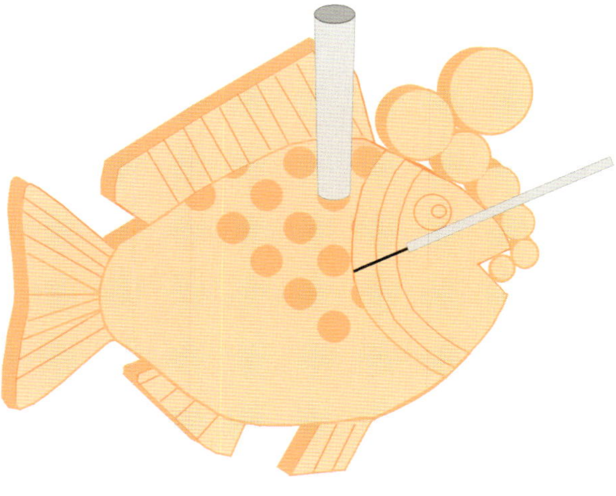

Figure 3 : à l'aide d'un tube ou d'un emporte-pièces imiter les écailles. Avec une aiguille ou un petit boudin séparez la tête du corps. Dessinez l'œil et les nageoires du poisson.

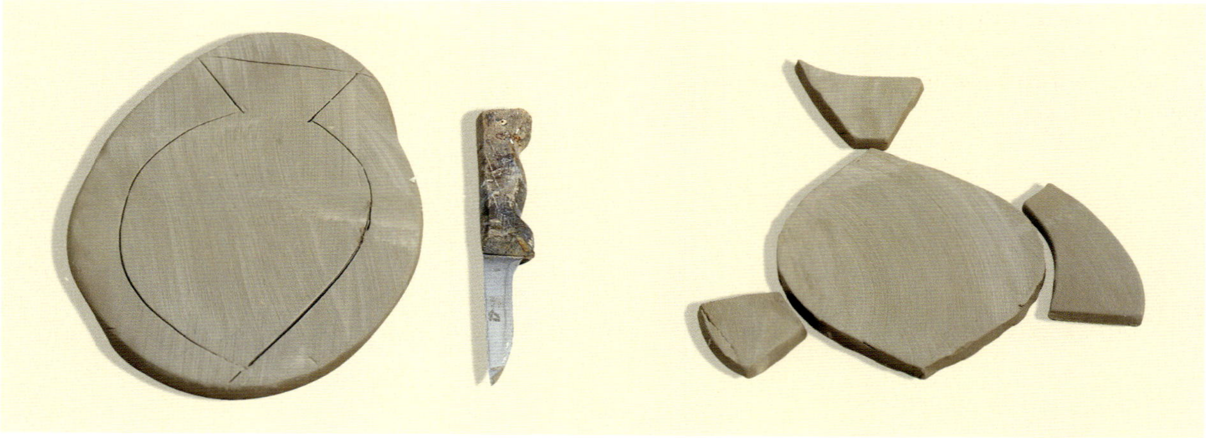

1. *Façonnez des galettes d'argile puis découpez la forme d'un poisson : le corps, la queue et les nageoires, soit séparément, soit d'un seul tenant.*

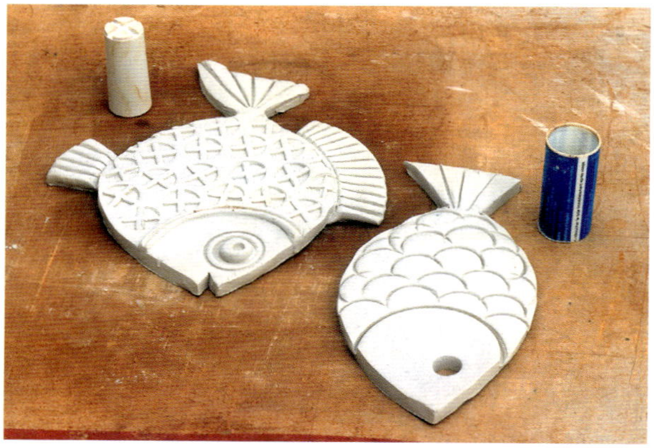

2. *Pour le poisson rond : après sa découpe, décorez-le par impressions à l'aide d'emporte-pièces différents.*
Façonnez des petits boudins pour séparer la tête du corps et une demi-boule pour l'œil.
Coupez un petit triangle pour la bouche.
Pour le poisson ellipse travaillez simplement par impression.
Découpez un petit rond pour l'œil.

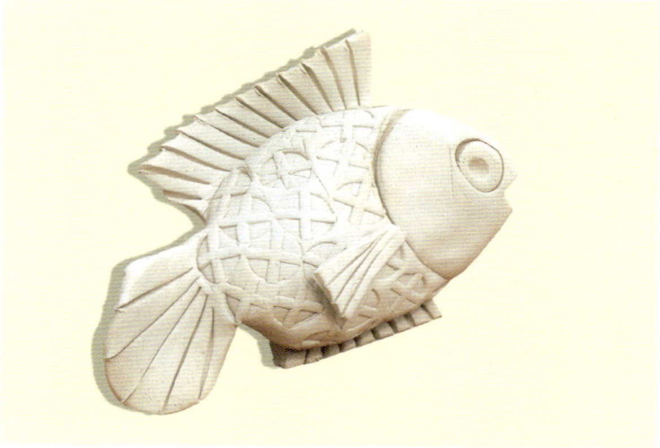

3. *Poisson travaillé en volume. La découpe du corps de votre poisson se fait dans une galette d'environ 20 à 25 mm d'épaisseur. Pour les nageoires et la queue 8 mm suffisent.*
Vous décorez d'abord à plat le corps du poisson, les nageoires et la queue comme dit précédemment.
Arrondissez les bords du corps donnez-lui un mouvement.
Collez les nageoires et la queue. Ajoutez-lui un socle.

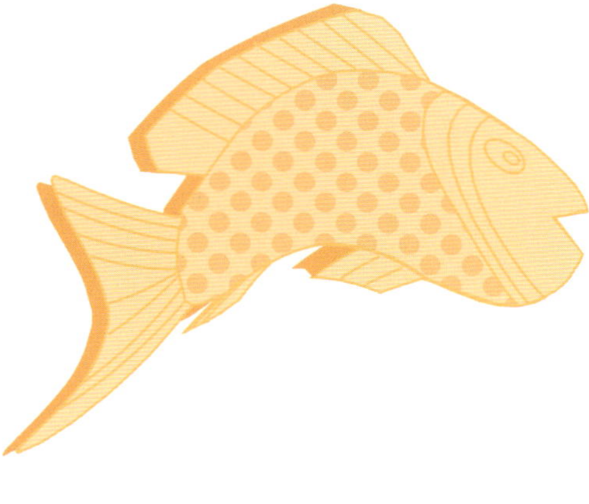

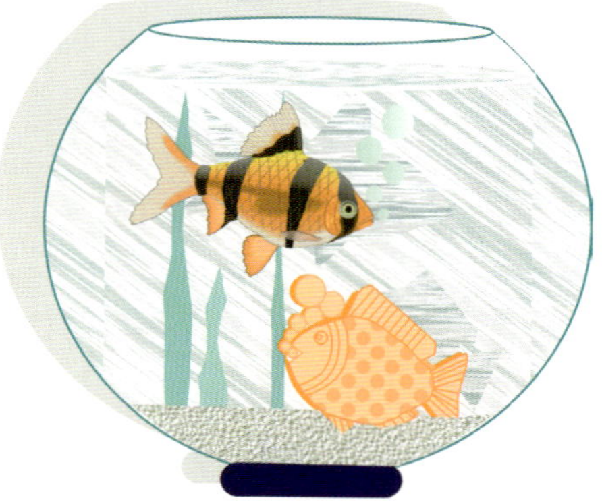

Une fois dégourdis, ils peuvent accompagner votre poisson rouge dans son aquarium.

Tous les modèles proposés ici, offrent un ensemble diversifié à exécuter soit en à plat soit en volume.
A vous de donner à chacun une place dans votre intérieur et une utilité selon votre bon plaisir.

La coccinelle

La coccinelle réalisée en à plat
Etirez une plaque d'argile puis découpez les divers éléments de la coccinelle.
A pour la carapace.
B pour les points.
C pour la tête : faites une demi-boule.
D pour la collerette.
E pour les pattes.
F : collez et lutez l'ensemble de ces éléments votre coccinelle est terminée.
Vous pouvez également découper la forme de la coccinelle et graver les différentes parties du corps et les points. Vous terminerez votre sujet lors de l'émaillage.

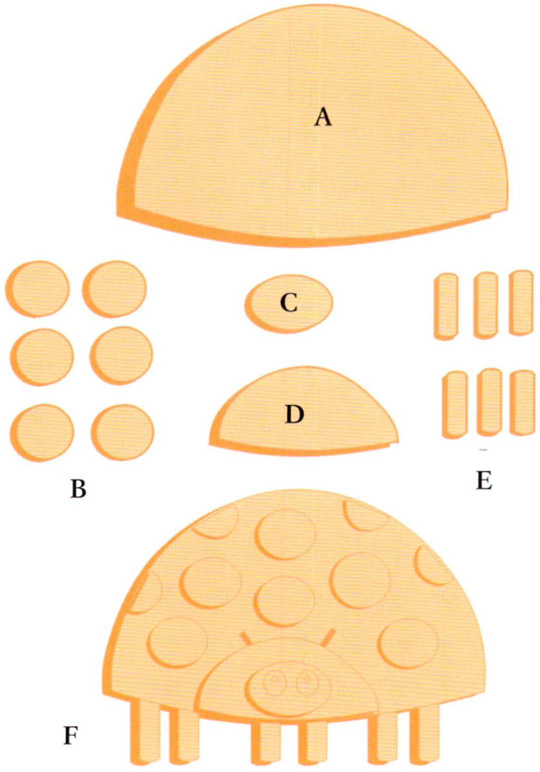

Vue en à plat.

La coccinelle modelée en volume
Modelez tous les éléments en volume, une demi-sphère pour la carapace et la collerette.
Une demi-boule pour la tête, des bâtonnets pour les pattes.
Collez l'ensemble : votre coccinelle est terminée.

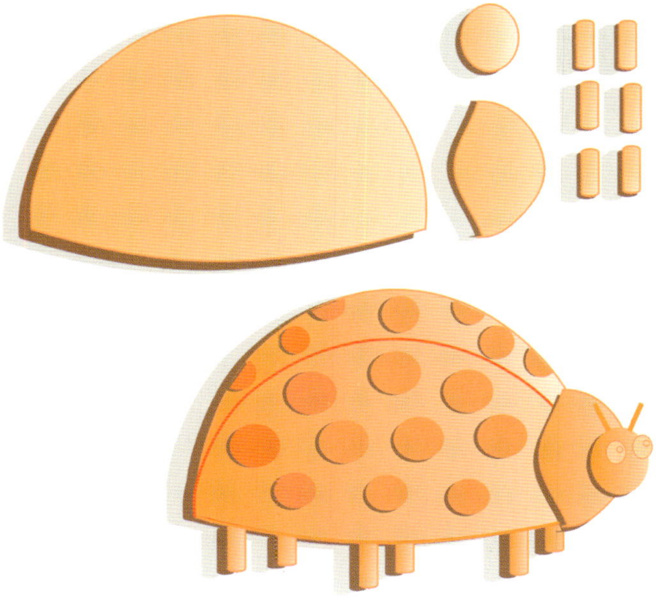

Vue en volume.

Modelage de la coccinelle

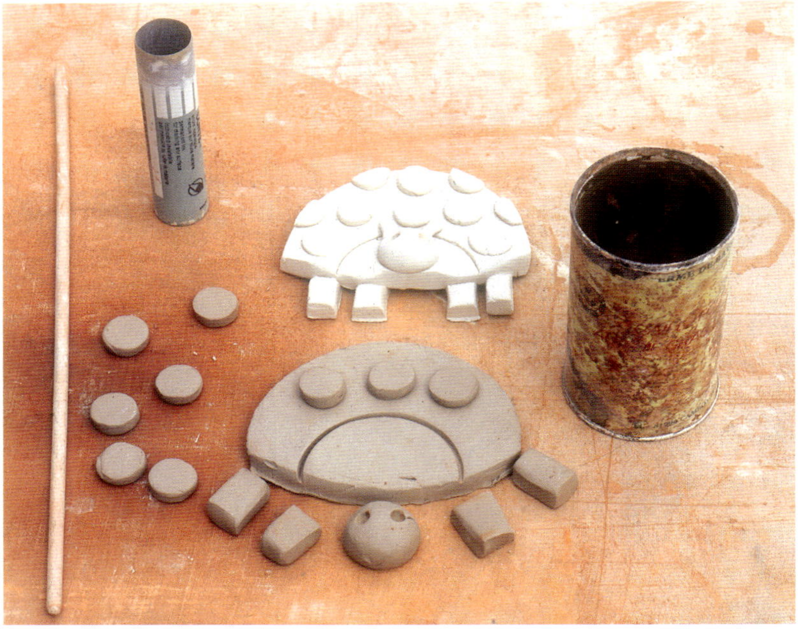

1. *Découpez les divers éléments pour réaliser la coccinelle en à plat.*
Pour la tête faites une demi-boule, gravez deux petits trous pour figurer les yeux, découpez des petits rectangles pour les pattes et des rondelles pour les points.
Assemblez et collez tous les éléments pour former votre coccinelle.

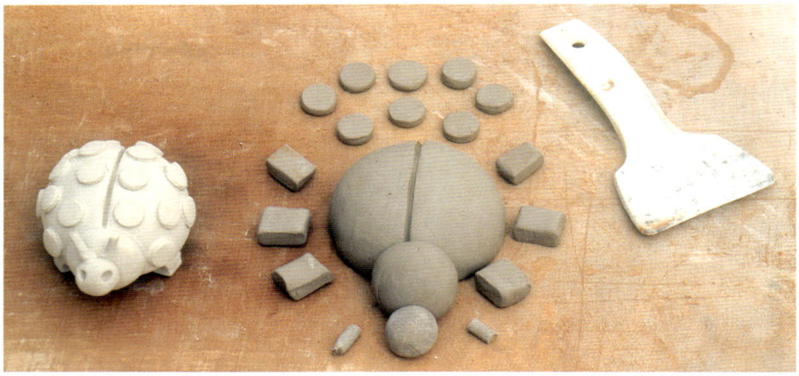

2. *Pour réaliser celle-ci en volume modelez trois demi-boule qui formeront le corps, la collerette et la tête.*
Découpez des rondelles pour les points et des petits rectangles pour les pattes.
Faites une raie sur le dessus du corps pour séparer les deux ailes.
Collez et assemblez-le tout pour terminer votre coccinelle.

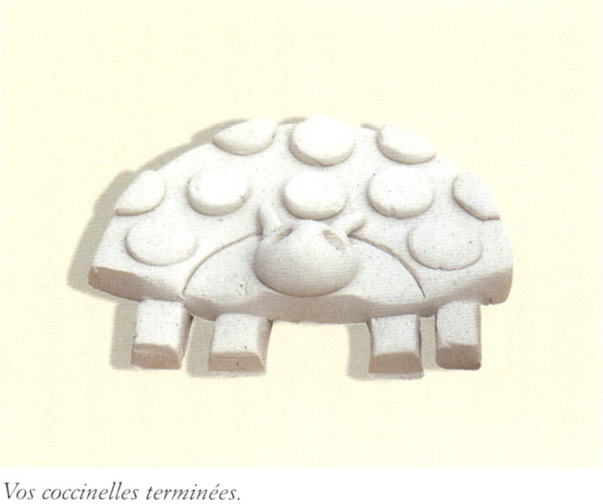

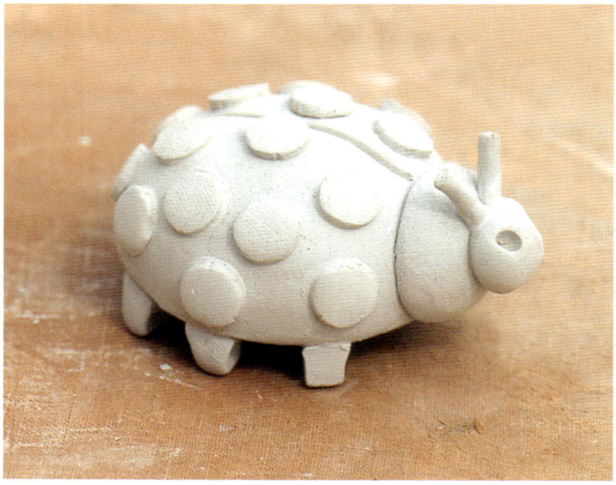

Vos coccinelles terminées.

L'oiseau, la tortue, le hérisson

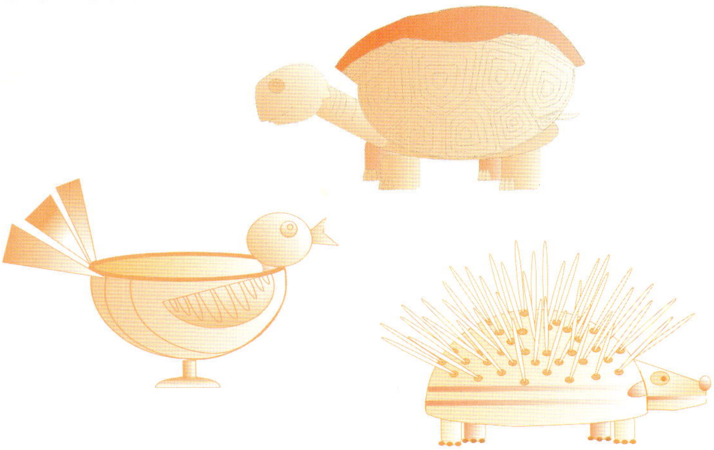

Ces trois sujets façonnés en volume deviennent, au moment de l'apéritif, des objets fonctionnels.
Le corps de l'oiseau devient une coupelle à fruits secs (amandes, olives, etc…)
La tortue, avec une carapace amovible, si vous la retournez, se change en récupérateur de restes.
Pratiquez des petits trous sur le dessus du hérisson il se change en porte-piques pour amuse bouche.

Modelage d'un oiseau

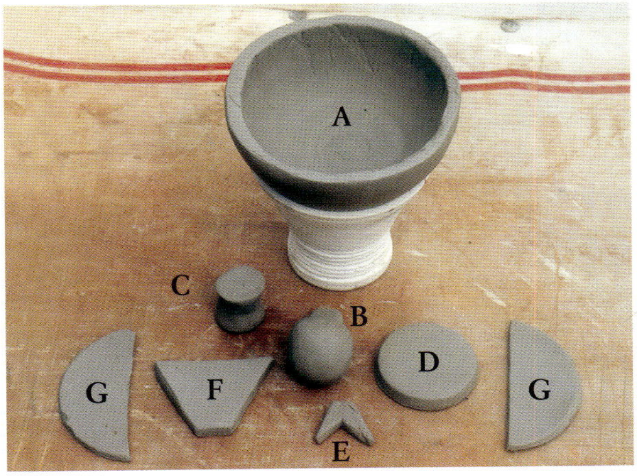

1. *Modelez une coupelle à la boule ou aux colombins A. Façonnez une boule B pour la tête de l'oiseau et un colombin pour le pied C. Découpez dans une plaque les ailes G, le bec E, la queue F et le socle D.*

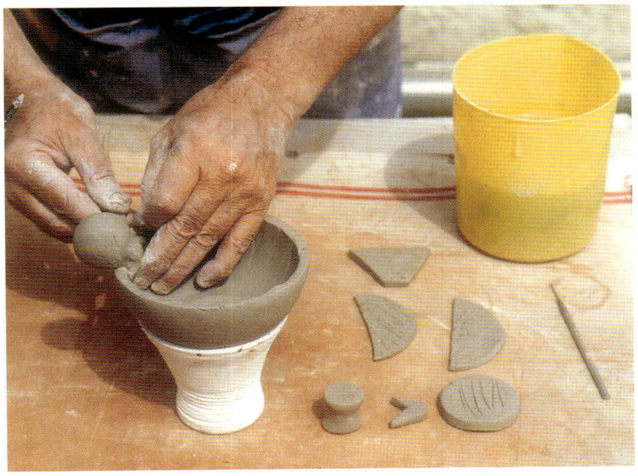

2. *Assemblez la tête.*

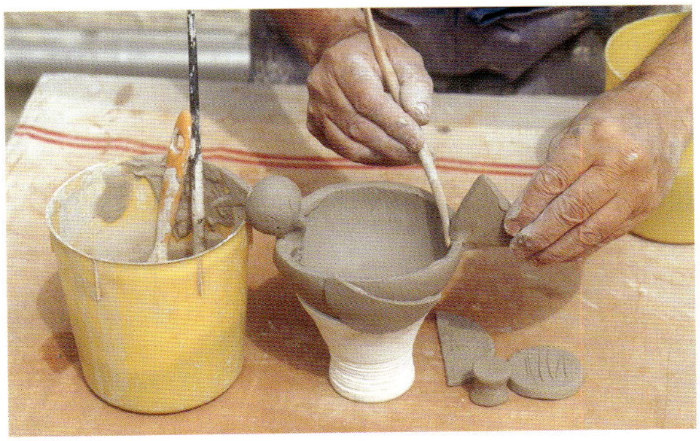

3. *Puis la queue et collez les ailes sur la coupelle.*

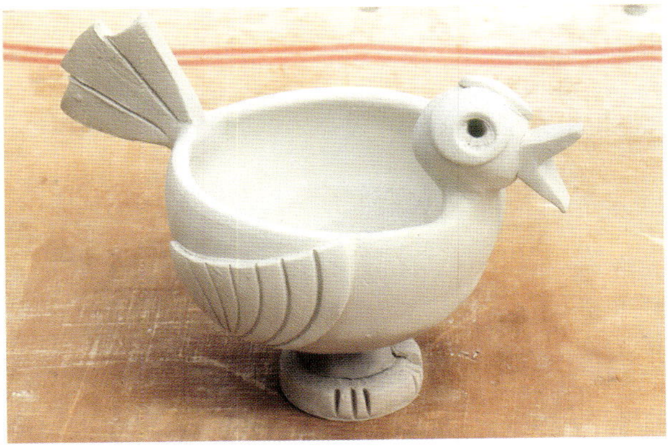

4. *Finissez en collant le bec et les yeux sur la tête. Imprimez les plumes sur les ailes et la queue. Collez le pied et le socle sous le corps de l'oiseau.*

Modelage d'une tortue

Modelez une coupelle pour la carapace de la tortue A. Découpez une galette pour le fond B ainsi que des pentagones pour figurer les écailles C. Façonnez une boule pour la tête D, un petit colombin pour la queue E et un autre pour bloquer la carapace de la tortue G. Modelez des carrés pour les pattes F.

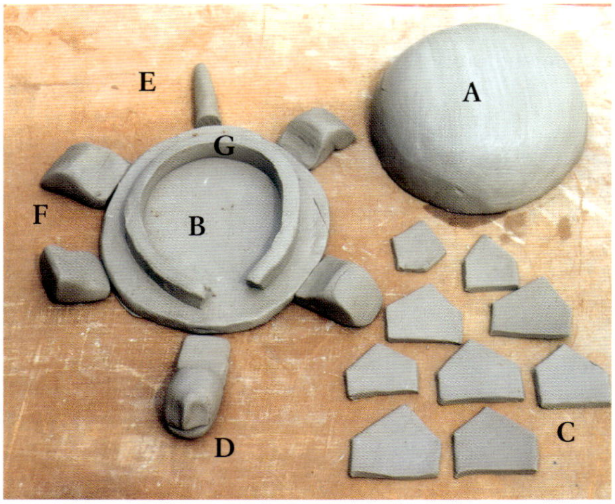

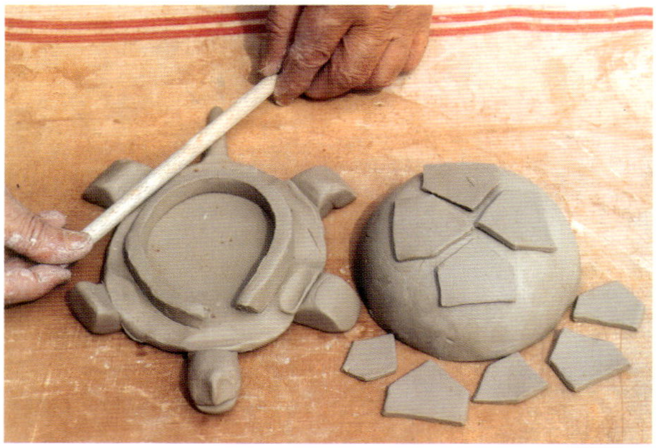

1. *Assemblez et collez les pattes, la tête sous la galette d'argile et sur celle-ci collez le boudin. Collez les écailles sur la carapace de la tortue.*

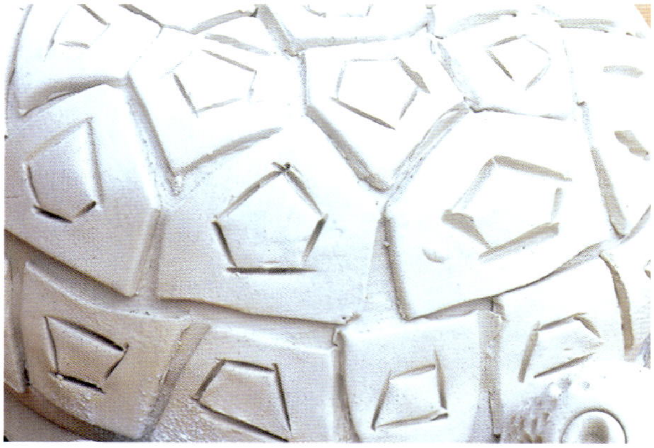

2. *Gravez dans les écailles des petits pentagones.*

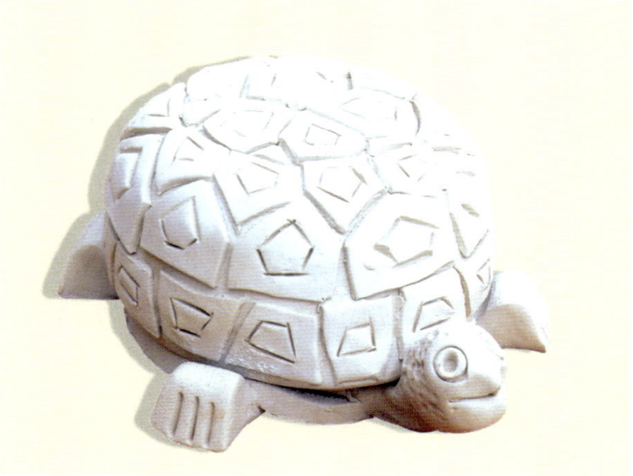

3. *Positionnez la carapace sur son socle sans la coller. Finissez en imprimant des motifs sur la tête et les pattes.*
Pour la présentation au moment de l'apéritif, placez la carapace sur son socle.

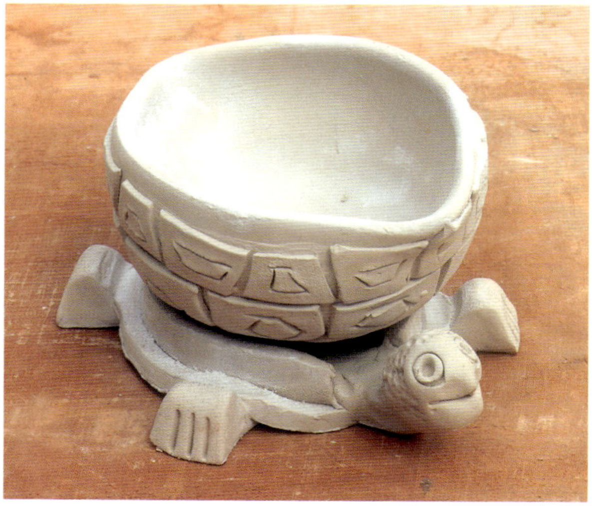

4. *Pour récupérer les restes des amuses bouches retournez la carapace.*

Modelage d'un hérisson

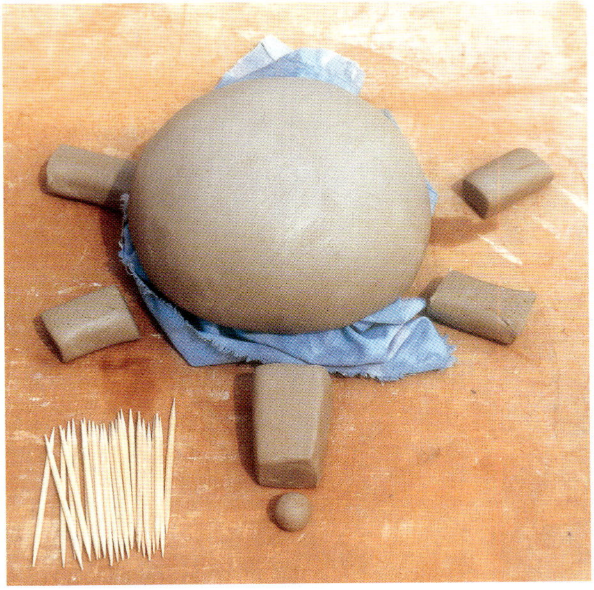

1. *Modelez une coupelle pour le dos du hérisson. Façonnez à l'identique de la tortue une galette pour le socle ainsi que les éléments figurant la tête, les pattes et le nez.*

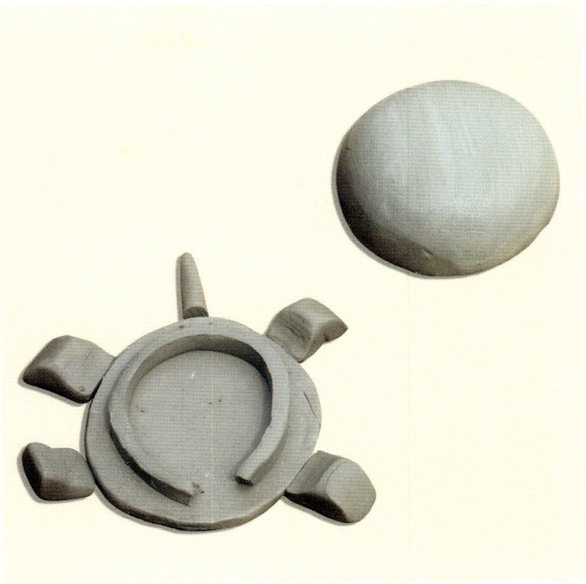

2. *Comme votre hérisson forme un volume fermé, faites un trou dans le socle pour éviter que celui-ci n'éclate à la cuisson du dégourdi.*

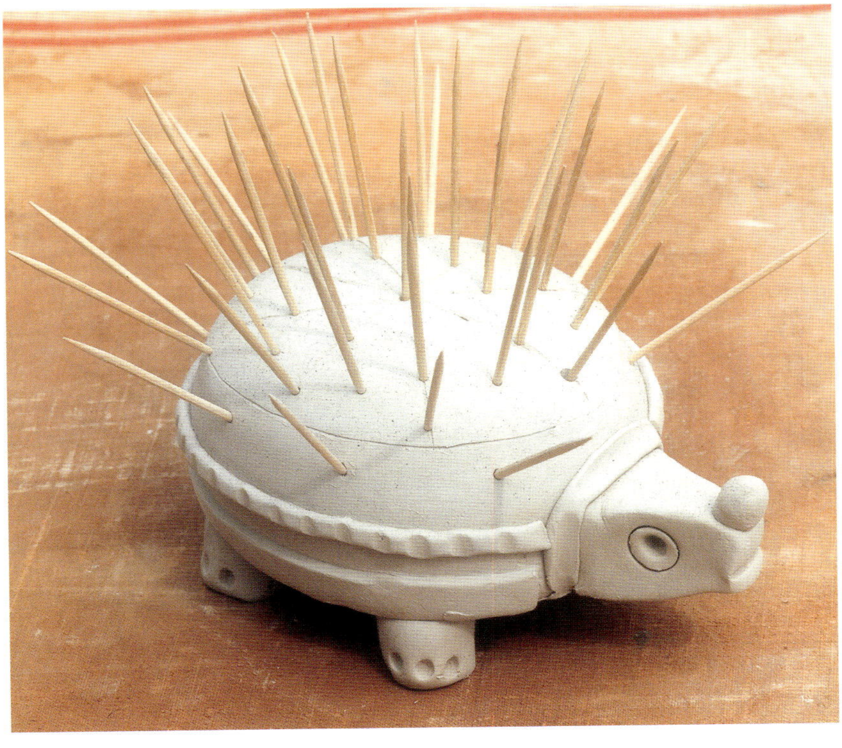

3. *Assemblez tous les éléments. Collez la coupelle sur le socle. Collez les pattes sous le socle. Collez le nez au bout de la tête et celle-ci au corps du hérisson. Décorez le bas en entourant le corps d'une petite bande imprimée d'un motif. Pratiquez des petits trous sur le dos pour pouvoir placer les piques en bois. Figurez les yeux et les griffes des pattes.*

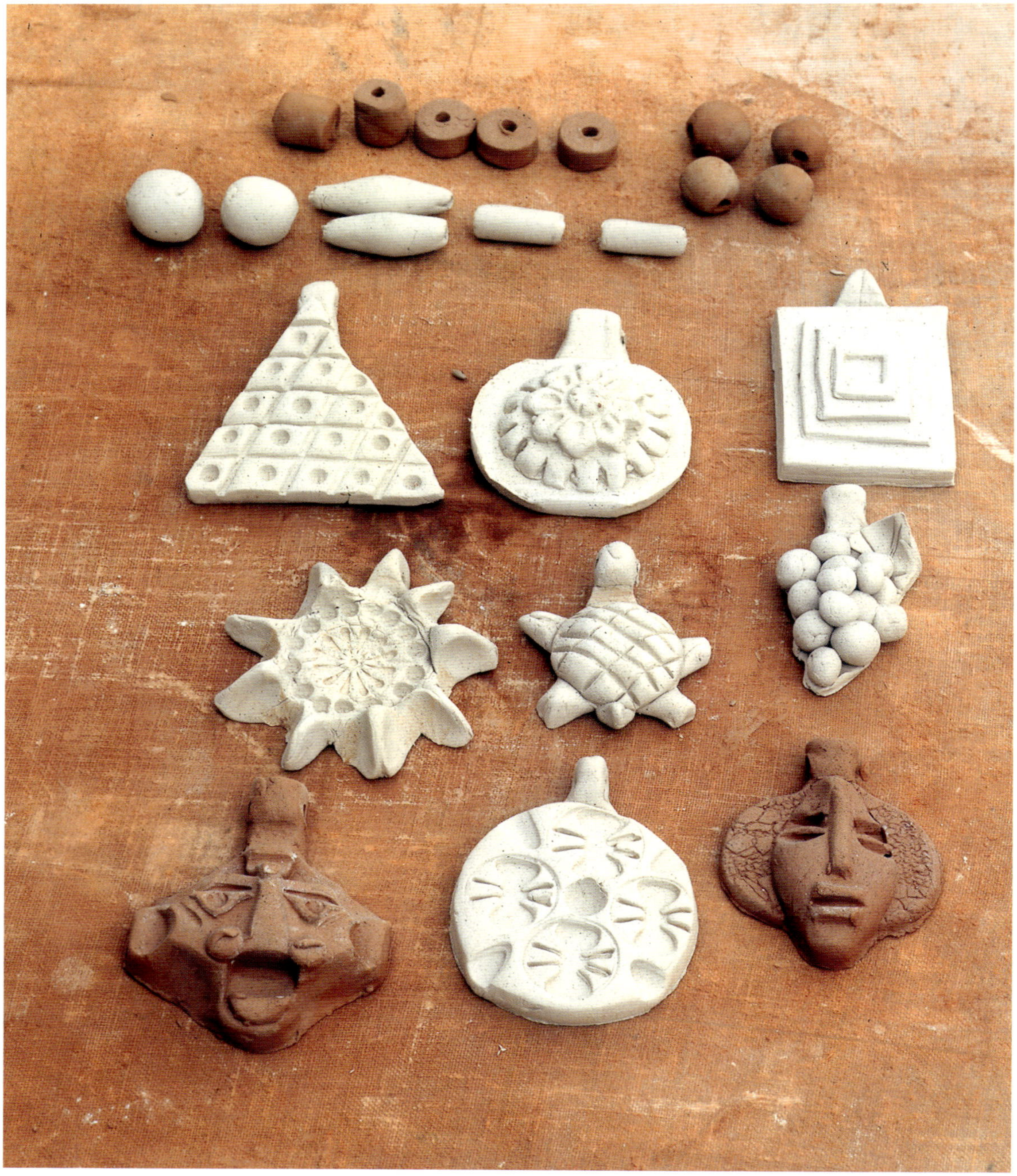

10 Les bijoux

Nous allons travailler en modèle réduit !
Quel est l'avantage de cette formule ?
Un minimum de places occupant le plan de travail. Un gain de place dans le volume du four.
Reste la question, quelle place peut occuper de petits objets ?
Réponse : la plus agréable pour une femme : sa parure.
Quel plaisir de porter ses propres créations !
Sans oublier la joie des enfants d'offrir à leur maman une de leurs œuvres !
Pour monter vos bijoux en colliers, en broches, en boucles d'oreilles, etc. vous trouverez dans le commerce des accessoires qu'il suffit de coller au dos de vos pièces (colle contact).
Exemples de bijoux modelés en argile blanche ou rouge.

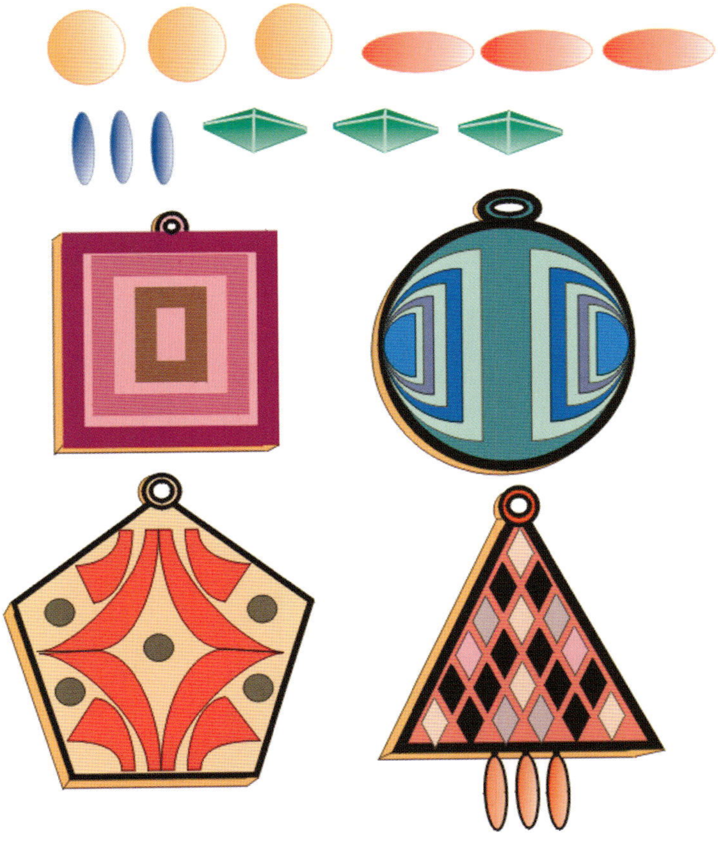

Figure 1. En modelant des perles de toutes grosseurs. En découpant des formes géométriques dans une plaque comme : des carrés, des rectangles, des cercles, des triangles que vous décorez, voici une version de bijoux à confectionner. Prévoyez une petite attache pour passer le fil du collier.

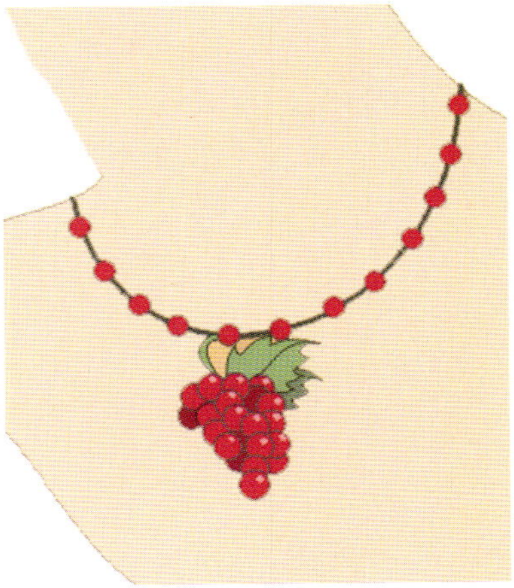

Figure 2. Collier fait de perles rondes et d'une grappe de raisins.

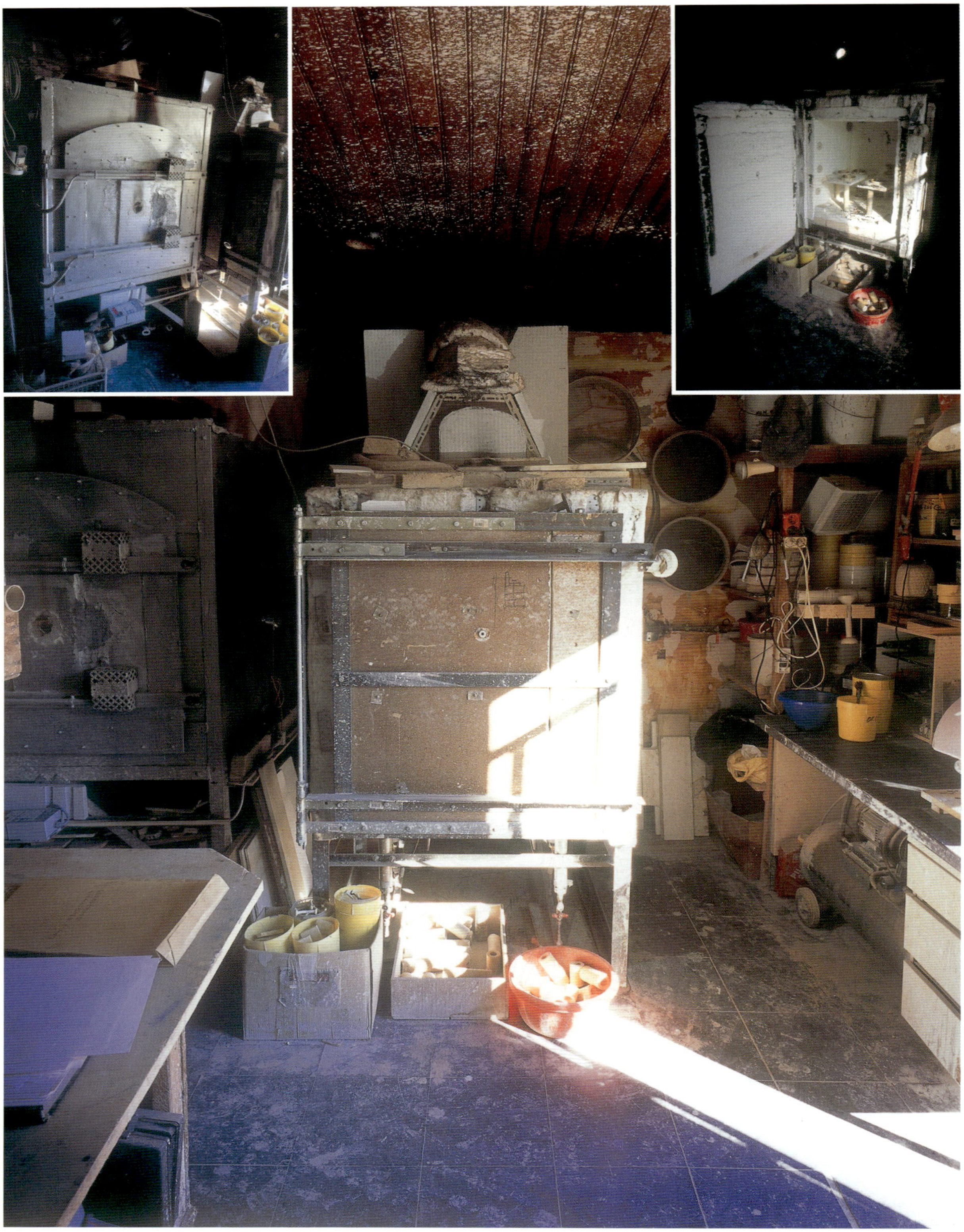

Four électrique et four à flamme. Atelier de l'auteur.

11 *La cuisson* du dégourdi

Toutes les températures sont données en degrés celsius.

Une fois vos pièces parfaitement sèches elles subissent une première cuisson appelée « dégourdi » ou « cuisson biscuit ». Les températures du dégourdi (biscuit) pour les argiles de faïence peuvent aller jusqu'à 1015° mais se situent généralement aux alentours de 1000°.
Il est préférable d'utiliser un four électrique pour cette cuisson.

Courbe de cuisson du dégourdi
Une première montée en chauffe appelée petit feu évolue lentement de 0° à 350° durant 3 heures 30 minutes.
Pendant le petit feu on laisse la cheminée et le regard du four ouvert.
Fermez ces aérations à la fin de chauffe du petit feu.
Après fermeture des aérations la fin de cuisson s'achève par une progression plus rapide de 3 à 4 heures pour atteindre les 1000°.
Normalement la température de cuisson des argiles vous est donnée par vos fournisseurs.
Dans les premiers temps de chauffe, jusqu'à 100° certains potiers laissent la porte de leur four entrebâillée. Ceci a pour but d'évacuer plus rapidement les vapeurs d'eau contenues encore dans vos pièces.
Une fois votre cuisson terminée laissez votre four refroidir normalement à température ambiante.
Ne précipitez pas le refroidissement en ouvrant le regard, les volets d'aération ou la porte du four.
Comptez de 24 à 48 heures avant le défournement.
Un défournement sans risque se situe vers les 50°/60° pour le dégourdi. Prenez cependant la précaution de vous munir de gants protecteurs.

Défauts et remèdes pour le dégourdi
Défauts : fentes de préchauffage. Généralement augmentation trop rapide de la température.
Pièces encore humide.
Remède : amélioration de l'isothermie du four. Changement de la courbe de montée en température.
N'enfournez que des pièces parfaitement sèches.
Défauts : une partie ou la totalité de la pièce éclate. La pièce n'est pas entièrement sèche.
Mauvais malaxage l'argile contient des bulles d'air.
La pièce est hermétique et l'on a oublié de pratiquer une ouverture pour que les gaz chauds s'échappent.
Remèdes : vérifiez le complet séchage de la pièce.
Malaxez plus longuement votre argile. Prévoyez un trou sous vos pièces.

Dernier commentaire
Voici un sujet modelé en volume.

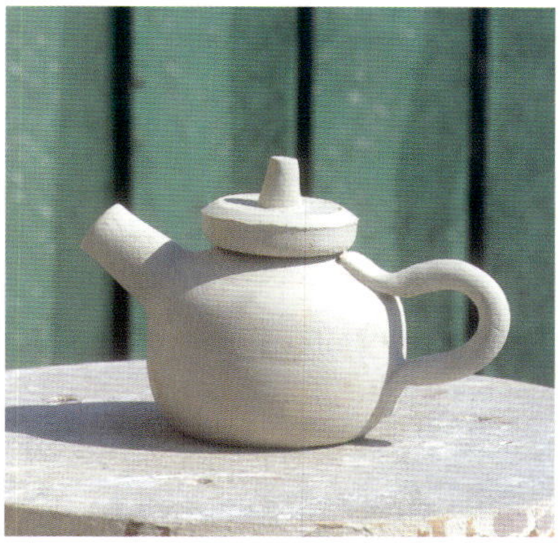

1. *Théière modelée en argile blanche. Vous remarquerez que la théière présente des traces de façonnage. Celles-ci doivent être éliminées avant la cuisson du dégourdi. Ainsi après la cuisson de l'émail la surface sera lisse et uniforme.*

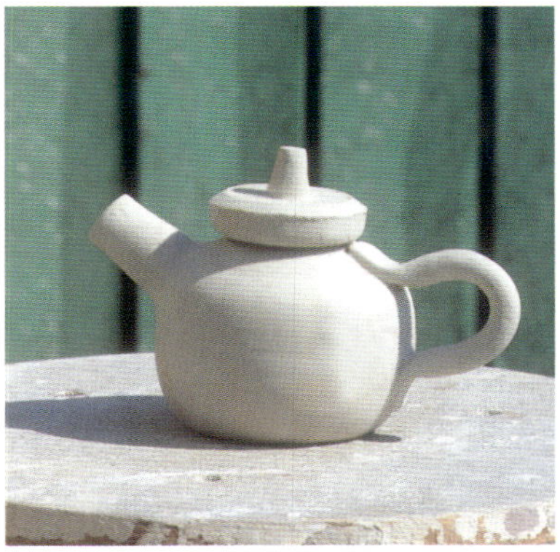

2. *Pour cela une fois votre pièce sèche, à l'aide d'un papier de verre fin, poncez-la légèrement puis essuyez-la à l'éponge humide pour éliminer toutes marques dues au modelage.*

OUVRAGES DÉJÀ PARUS OU À PARAÎTRE

COLLECTION BEAUX LIVRES

- L'AQUARELLE, TECHNIQUES ET ASTUCES
Cathy Johnson
- L'AQUARELLE, LES PERSONNAGES
J. Evrett Draper
- L'AQUARELLE SELON F. WEBB
Frank Webb
- L'AQUARELLE, LA NATURE ET SES DÉTAILS
Cathy Johnson
- AQUARELLE RÉALISTE
Dawn McLeod Heim
- LA PEINTURE A L'HUILE, COMPOSITION ET PRATIQUE
Hazel Harrison
- PASTELS INTERPRÉTATIONS
Madlyn-Ann C. Woolwich
- LE PASTEL, QUESTIONS RÉPONSES
David Cuthbert
- LE CRAYON DE COULEUR
Bernard Poulin
- COLLAGE : TECHNIQUE ET CRÉATION
Nita Leland & Virginia Lee Williams
- LA LUMIÈRE, SAVOIR LA REGARDER ET LA PEINDRE
Lucy Willis
- PORTRAITS D'ENFANTS
Roberta Carter Clark
- SAISIR LE MOUVEMENT, DANS VOS TABLEAUX
Julia Cassels
- FORMES ET MODELÉS
Hazel Harrison
- MAISONS ET BÂTIMENTS
INTÉRIEURS ET EXTÉRIEURS
Hazel Harrison
- ESPACE, VOLUME, PROFONDEUR
PEINDRE EN TROIS DIMENSIONS
Brian Dunce
- LES TEXTURES
Martin Davidson
- TRACES, SIGNES, LETTRES
Martin Andersch
- LES CLES DU DESSIN
Bert Dodson
- LE GUIDE COMPLET DE LA SCULPTURE
TECHNIQUES ET MATÉRIAUX :
Barry Midgley
- LE MANUEL DU POTIER
Kenneth Clark
- LE SCRAPBOOKING MONTAGES CRÉATIFS
Frédérique Fichet
- AQUARELLE, PEINDRE AVEC SES SENTIMENTS
Maryse de May
- L'EAU, LE REGARD DU PEINTRE
Patricia Seligman
- AQUARELLE, SAVOIR LA COMPOSER ET LA PEINDRE
Angela Gair

COLLECTION ATELIER

- LA MOSAÏQUE DE CUIR
Jean-Pierre Rousseau
- BRODERIE D'ART
Liz Maidment
- MOTIFS PEINTS SUR BOIS
Paul et Jean-Claude Roussel
- BOIS PEINTS, STYLES ET TECHNIQUES
Russe Khokhloma, Uzès, Bourguignon,
Patricia Gohin
- USAGE DE LA COULEUR
Christophe Chazalon
- LA CALLIGRAPHIE, ART D'HIER ET D'AUJOURD'HUI
Richard K. Kaiser
- NATURES MORTES EN TOUTE SIMPLICITÉ
Carmen Berluti-Venturini
- LES ICÔNES
Patricia Liversain
- LA GRAVURE SUR MÉTAL
TAILLE DOUCE, EAU-FORTE, AQUATINTE
Mireille Baltar
- PEINTURE CONTEMPORAINE
Christian Parra
- LA PEINTURE AU COUTEAU
Francine Florent
- AQUARELLE, DE LA DÉCOUVERTE À LA CRÉATION
Ans VAN BERKEL
- LE CARTONNAGE
TECHNIQUE ET RÉALISATION
Mireille Gras Depoix
- LA PEINTURE SUR PORCELAINE
MOTIFS CHAMPÊTRES
Graziella Poyet
- MOTIFS SUR PORCELAINE, PEINDRE ET DESSINER :
Dony Alexiev
- PORCELAINE DÉCORÉE,,PREMIERS PAS
Catherine Le Noël
- DÉCORS SUR PORCELAINE
TECHNIQUE AMÉRICAINE:
Catherine Bergoin
- TECHNIQUE ET MOTIFS SUR PORCELAINE
Aude Creuzé & Véronique Habègre
- LE LUSTRE
Véronique Habègre
- LES ANIMAUX ET LA PORCELAINE
Aude Creuzé
- MOSAÏQUE, LES TECHNIQUES
Josette Deru
- MOULAGE ET ESTAMPAGE
Nils Descotes-Genon
- RONDE-BOSSE ET BAS-RELIEFS ,LE MODELAGE
Philippe Chazot
- LA TERRE QUI CHANTE
Evelyne Jullian
- LA MARQUETERIE DE PAILLE
Anne-Marie Choain-Degand
- CRÉATION DE MOTIFS PEINTS SUR TISSU
Marie Lefort
- LE PAPIER À LA COLLE
Christine Trautwein
- L'ACRYLIQUE
Nicole Bommarito
- LE PASTEL
Denis Bauduin
- LA MOSAÏQUE, SELON LA TRADITION DE RAVENNE
Giovanna Galli
- LE CARTONNAGE,UNE PASSION A PARTAGER
Sylvie Bonnet-westerloppe
- LA RELIURE BRADEL
Godelieve Dupin de St Cyr et Marie Pia Jousset
- L'ENCADREMENT
Nicole Marinier
- LE VITRAIL
Stéphane Arrondeau
- MES PREMIÈRES BASES DE GLAÇURES
GRÈS ET PORCELAINE
Georges Lanteri
- L'AQUARELLE, DE LA GOUTTE D'EAU À L'OCÉAN
Denis Bauduin
- AQUARELLE, L'AVENTURE AVEC LES FLEURS
Maryse De May
- MOSAÏQUE CRÉATIVE
Patricia Vibien
- TECHNIQUE AMÉRICAINE SUR PORCELAINE
Rosane Baptistella
- MODELAGE, TÊTES ET EXPRESSIONS
Bérit Hildre
- LE NU, D'APRÈS MODÈLE VIVANT
Louis Treserras
- CARTONNAGE, MEUBLES ET OBJETS
Mireille Gras-Depoix
- SCRAPBOOKING, TECHNIQUES ET RÉALISATIONS
Frédérique Fichet
- LA GOUACHE ET LES PAYSAGES
Juliane Scharck
- LA PEINTURE SUR SOIE, UN ART DES TECHNIQUES
Lydie Ottelart
- LE RAKU, MES PREMIERES CUISSONS
Georges Lanteri
- LA PORCELAINE, MOTIFS D'ICI ET D'AILLEURS
Graziella Poyet
- DÉCORATION D'OBJETS, DE RÉCUPÉRATION
Sylvie Chambill
- LA PORCELAINE, SES FORMES ET SES COULEURS
Aude Creuzé
- PEINTURE SUR BOIS, FLEURS DE MONTAGNE
Catherine Charles
- CARTERIE CRÉATIVE,TECHNIQUES ET RÉALISATIONS
Brigitte Bérardi & Brigitte Rouyer
- PEINDRE ET DESSINER,EN VOYAGE
Juliane Schack
- BIJOUX EN PERLES ET PÂTE POLYMÈRE
Patricia Vibien
- LE VITRAIL, MA DÉCOUVERTE TIFFANY
Marie-Claude Henaff
- LE MODELAGE, LUDIQUE ET CRÉATIF
Georges Lantéri
- LA CALLIGRAPHIE, LUDIQUE ET CRÉATIVE
Jâmal Abarrou
- LE DESSIN, CRAYON, SANGUINE, ENCRE
Denis Bauduin

À PARAÎTRE

- LA MOSAÏQUE PIQUASSIETTE
Christina Coelho
- LES CRISTALLISATIONS
Georges Lanteri

COLLECTION 100 et 101 ASTUCES

- DÉCORS ET PEINTURE SUR TISSUS
Julia Richardson
- L'AQUARELLE
Jean Bordet
- LA PEINTURE A L'HUILE
Helen Douglas Cooper
- CALLIGRAPHIE
Jean Bordet
- MODELAGE D'ARGILE
Philippe Chazot
- LA PORCELAINE
Véronique Habègre
- L'ACRYLIQUE
Christian Parra
- LE CARTONNAGE
Mireille Gras-Depoix
- L'ENCADREMENT
Régine Tromeur
- LA MOSAÏQUE
Patricia Vibien
- LES ASTUCES DU PEINTRE